Søndagens prædiketekster i en funktionel (dynamisk) ækvivalent oversættelse.

Et forsøg på en idiomatisk gengivelse af teksterne på dansk
med en kanonisk eksegese som fortolkningsplatform.

Bind 1
1. første tekstrække

Oversat af Jørn Balle Larsen

Indholdsfortegnelse:

Forord:

Hvorfor oversætte noget, der allerede er oversat i den autoriserede danske oversættelse?

Lad mig besvare dette spørgsmål på følgende måde:
I kap. 1 i bogen "How to Choose A Translation For All Its Worth" under overskriften: "The Need for Translation" står der følgende:
"Many years ago a much-admired teacher of Greek stood before her first-year Greek class. With uncharacteristic vigor, she held up her Greek New Testament and said forcefully, "This is the New Testament; everything else is a translation."

I en vis forstand har denne lærer ret i, at alt andet end teksten i det græske testamente er en oversættelse og dermed også en fortolkning, tilføjer jeg.

Men selv det græske testamente findes i mindst to hovedgrupper. Den byzantinske teksttradition, som i det store hele hviler på *Textus Receptus*, som bl.a. danner grundlag for King James bibel, Luthers Bibel og stort set alle oversættelse frem til det 20. århundrede, og så i Nestle-Aland med et efterfølgende nr. Disse udgaver er gennemarbejdede videnskabelige udgaver med kritisk apparat.

I dag er vi kommet til **NA28**, som jeg valgt at bruge. (NA28, Nestle-Aland: Novum Testamentum Graece. Edited by Barbara and Kurt Aland, Johannes Karavidopoulos, Carlo M. Mantini, Bruce M. Metzeger. Deutsche Bibelgesellschaft. Digital formidlet af Olive Tree).

I min tid som sognepræst har jeg ofte mødt mennesker, som mente at den bedste oversættelse måtte være en, der kommer tæt på den græske tekst, nærmest ord for ord.

At en sådan ordret oversættelse ikke duer, har enhver, der har lært et andet sprog, selv erfaret.

"I got you under my skin" giver ingen mening ordret oversat til dansk (Jeg har dig under min hud). Man må finde et andet udtryk, der dækker meningen i det engelske og som også giver god mening på dansk.

Prøv selv et øjeblik at oversætte denne sætning til godt (idiomatisk) dansk.

Hvis du har gjort det, så har du opdaget, at formen på den engelske sætning må ændres for at udtrykke meningen på dansk. Med andre ord, så må formen i det sprog, der oversættes fra, ofte ændres for at udtrykke meningen på det sprog, der oversættes til.

Målet for enhver oversættelse, også en oversættelse af NT, må være at gengive tekstens mening og ikke tekstens form, alene af den grund, at der ikke findes to sprog, der har samme sproglige vendinger, grammatiske konstruktioner eller idiomer.

Derfor har jeg valgt, at min oversættelse, mere skal være en funktionel ækvivalent oversættelse end en oversættelse, der er ordret. Jeg har med andre ord forsøgt mig med en idiomatisk gengivelse af teksterne på dansk.

"Alt andet end, teksten i det græske testamente, er en oversættelse", sagde den amerikanske græsk lærer, men derved er den også en fortolkning, som vi har set med eksemplet *"I got you under my skin"*.

Derfor er det kun rimeligt, at oversætteren angiver, hvilken fortolkningsplatform, der er anvendt som baggrund for oversættelsen.

I min kirkelige hverdag opdagede jeg hurtigt, at den diakroniske, historiske-kritiske eksegese ikke var særligt bevendt i prædikearbejdet og i sjælesorgen, men det var en kanonisk tilgang til teksterne.

Det har ført til, jeg i dag opfatter det Nye Testamente som en *"bus med 27 sæder – nogle er større end andre- men tilsammen er de, det køretøj, der har bragt kirken frem til i dag"*. Jeg har også i min kirkelige hverdag opdaget at de 27 sæder, hver for sig giver god mening i forskellige situationer, i samtaler, sjælesorg og i prædikerne. De 27 sæder hører sammen, uden dem ingen bus, eller sagt på en anden måde, hvis vi ser på en buket af tulipaner af forskellig farve, 27 styk – ikke lige store – så tager de "farve og oplevelse" af hinanden, når vi ser på buketten.

Det har jeg selv gjort brug af i min kirkelige hverdag og meget tit hørt fra prædikestole rundt om i landet, selvom præsterne har og havde meget forskellige teologiske standpunkter.

Mine oversættelse er blevet til med en kanonisk eksegese som fortolkningsplatform.

For eksempel oversætter jeg δικαιοσύνη, *dikaiosune,* med retfærdighed forstået på følgende måde:

Ordet betegner konformitet med en højre autoritets krav og er modsætning til ἀνομία, *anomía*, lovløshed.

Her er der tale om Guds krav til mennesket, og for at blive konform med disse krav må mennesket modtage Gud, som han tilbyder sig selv og retfærdigheden som gave (Rom 5,17; Fil 3,9).

Anerkendelse og accept af Guds krav, realiseres gennem troen og står derfor i modsætning til den retfærdighed, som kommer fra loven og som er menneskets accept af lovens krav.

Mennesket bliver **kun i Kristus** alt det, som Gud kræver, at et menneske skal være – al det et menneske ikke kan blive af sig selv.

Retfærdighed er en tilregnet retfærdighed også når ordet bruges i evangelierne og dermed i prædiketeksten.

Dog kan jeg oversætte ordet (δικαιοσύνη, *dikaiosune*) anderledes, som jeg gør i teksten til Fastelavns søndag, Matt. 3,15: Jesus svarede: "Lad det nu ske, for sådan er det rigtigt af os at gøre *alt det, Gud kræver*". Her oversætter jeg således, fordi det er Jesus, der bruger ordet.

Ud over de titler, der er medtaget i boglisten, har jeg læst og har kendskab til en masse oversættelser af NT, idet jeg i adskillige år har haft og stadigvæk har den vane at læse en ny oversættelse af NT hvert eneste år. Det har været danske, svenske, norske, engelske, amerikanske, tyske, enkelte på fransk og en enkel på spansk. Det har givet mig en spændende diversitet i mulighederne for at oversætte de samme græske ord.

Hvis andre skulle have lyst til at oversætte NT-tekster, så vil det kun glæde mig. Vi mangler i høj grad oversættelser på basis-dansk af hensyn til svage læsere. Oversættelser for børn, teenager osv.

Det er min hensigt, at anden tekstrække skal følge efter oversættelserne af prædiketeksterne til første række.

Det er min agt at fortsætte med epistelteksterne, når bind 2 – anden tekstrække er udkommet.

Til sidst vil jeg minde om, at alle oversættelser kun er vejledende, og ingen af dem er faldet ned fra Himlen.

Tak til FUV i Løgumkloster for husly gennem årene.

Taastrup/Løgumkloster den 1. oktober 2018

Jørn Balle Larsen

PS. Næsten alt jeg har læst og brugt til udarbejdelse af disse oversættelser er i digital form.

Forklaringer til tegn i oversættelserne:

/ : betyder, at du selv kan vælge, hvilket ord, du foretrækker, når du bruger oversættelserne.

( ): Ordet eller ordene er ikke i teksten, men giver god mening i oversættelsen eller for forståelsen.

[ ]: Angiver en forklaring.

¹: fodnoter. Hvis der er nogen, findes efter hver tekst.

13: Angiver at verset ikke er med i prædiketeksten, men burde være det.

Prædiketeksterne/evangelieteksterne til 1. række:

1. søndag i advent: Matt. 21,1-9 (+10-11)

1: Da de nærmede sig Jerusalem og kom på højde med Bethfage på Oliebjerget, sendte Jesus to elever/lærlinge/praktikanter af sted

2: med disse ord: "Gå hen i landsbyen, som er foran jer, og I vil straks finde et æsel, der står bundet samme med sit føl. Løs dem og bring dem til mig.

3: Hvis nogen siger noget til jer, skal I svare: "Ejeren[1] har brug for dem, og med det samme vil han lade dem gå".

4: Dette skete for at opfylde, det som profeten havde sagt:

5: Sig til Zions datter: Se din konge kommer ridende til dig – mild og siddende på et æsel – på et pakæsels føl.

6: Eleverne /lærlingene/praktikanterne gik og gjorde præcis, som Jesus havde pålagt dem;

7: Hentede æslet og føllet og lagde kapper/overtøj over dem og han satte sig op på kapperne/overtøjet;

8: og en meget stor folkeskare bredte deres kapper/overtøj ud på vejen; andre skar grene af træerne og spredte dem ud på vejen.

9: Folkeskaren som gik foran ham og dem, som fulgte efter, råbte:

"Hosianna Davids søn. Velsignet være han, som kommer, i Herrens navn".

10: Og da han kom ind i Jerusalem, blev hele byen rystet, og folk spurgte: "Hvem er det"?

11: Folkeskaren svarede: "Det er profeten Jesus, ham fra Nazareth i Galilæa".

[1] Ordene *ho kurios*, ὁ κύριος, er her oversat med ejeren og ikke med Herren med stort h. I Matthæus´ optik er ejeren dog i sidste instans Jesus, der er Herre over alt og alle.

2. søndag i advent: Luk. 21,25-36

25: Der vil være tegn i sol, måne og stjerner, og på jorden bliver folkeslagene bange[1] og forvirret[2] af larm fra hav og brænding[3].

26: Mennesker vil udånde/dø/besvime[4] af frygt og i forventning om det, der skal komme over menneskeheden[5], for himlens kræfter vil blive rystet.

27: og da skal de se menneskesønnen komme i en sky med kraft og stor herlighed.

28: Når disse ting begynder at ske: Ret da ryggen og løft hovedet, for jeres udfrielse/løsesum er nær.

29: Da brugte Jesus en fortælling som illustration: "Se på figentræet og alle de andre træer,

30: så snart de spirer, ved I af jer selv, at sommeren er nær.

31: På samme måde forstår I, når alt dette sker, at Guds rige er nær.

32: Jeg kan garantere jer, at denne generation slet ikke[6] vil være væk, før alt dette er sket.

33: Himlen og jorden vil forsvinde, men mine ord vil slet ikke forsvinde.

34: Pas på, at jeres hjerter ikke bliver mast under udskejelser og drikfældighed og daglige bekymringer, så den dag kommer over jer,

35: som en fælde. For den vil komme over alle, der bor på denne jord.

36: Vær altid parate og bed, at I vil være i stand til at magte det, når det sker, og stå foran menneskesønnen[7]".

[1 og 2] συνοχή, *sunoche*, frygt (findes i NT kun her og i 2. Kor 2,4). Egentlig står der: på jordens folkeslag frygt i forvirring, ἐν ἀπορίᾳ, *en aporiai*, (bruges kun her i hele NT) helt uden et verbum.

[3] *salou*, σάλου, genitiv af σάλος, brændning, findes kun her i hele NT.

4 ἀποψυχόντων ἀνθρώπων, *apopsuchonton anthropon*, som er en absolut genitiv af verbet ἀποψύχω, (her som participium i flertal, genitiv), betyder at ånde ud, besvime, dø eller blive skuffet.

5 τῇ οἰκουμένῃ, *tei oikoumenei*, dativ af οἰκουμένῃ, er den beboede del af verden dvs. menneskeheden.

6 οὐ μή, *ou me*. En dobbelt nægtelse, den kraftigste måde man kan nægte noget på. Derfor bruger jeg: slet ikke. Den samme dobbelte nægtelse bruges i vers 33.

7 Måske i betydningen: at blive præsenteret for menneskesønnen eller anerkendt af ham.

3. søndag i advent: Matt 11,2-10

2: Da Johannes, i fængslet, hørte om de ting, Jesus gjorde, sendte han sine elever/lærlinge/praktikanter

3: og spurgte ham [Jesus]:"Er du den, der kommer, eller skal vi vente en anden?".

4: Jesus svarede dem: "Gå tilbage og fortæl Johannes, hvad I hører og ser:

5: Blinde ser igen, lamme/handicappede går omkring, spedalske bliver helbredt og stumme taler, og døve hører, og døde bliver bragt tilbage til livet, og godt nyt [evangelium] fortælles til fattige.

6: Og de, der ikke mister troen på mig, er velsignede af Gud.

7: Da de gik (tilbage til Johannes), begyndte Jesus at tale til folkeskaren om Johannes: "Hvem gik I ud i ørkenen for at møde: Et rør/siv[1], der svajer i vinden?

8: Virkelig, hvem gik I ud for at se: En mand, klædt i fornemt tøj? Se, de, som bærer fornemt tøj, bor i kongelige paladser.

9: Virkelig, hvad gik I ud for at se: En profet? Ja, lad mig fortælle jer, at han er langt mere end en profet.

10: Se, han [Johannes] er den, om hvem det står skrevet: "Jeg sender min budbringer[2] foran dig, for at forberede vejen for dig[3]".

[1] κάλαμον, *kalamon*, på latin kalamus kan betyde flere ting: et rør/siv/dunhammer/ en rod af en plante eller en pen. Her er det et rør eller et siv eller en dunhammer, der kan svaje i vinden.

[2] Budbringer er det samme ord som engel, ἄγγελόν,*aggelon*, akkusativ af ἄγγελος, *aggelos*: det kan bruges om et himmelsk sendebud og om et menneske, som budbringer eller sendebud.

[3] Citatet her er en parafrase over Mal 3,1: [oversat efter LXX, septuaginta, den græske udgave af GT] Se jeg udsender min budbringer/engel og han vil rydde vejen for mig", og måske 2. Mose 23,20: [oversat efter LXX, septuaginta, den græske udgave af GT] "Og se jeg sender min budbringer/engel for at beskytte dig på vejen og bringe dig til det sted, jeg har forberedt" [Israel er på vej ind i det forjættede land].

4. søndag i advent: Joh. 1,19-28

19: Johannes fastslog, da jøderne fra Jerusalem sendte præster og levitter ud for at spørge ham: "Hvem er du?"

20: Da fastslog han lige ud og nægtende ikke, men sagde, som det var: "Jeg er ikke Messias".

21: Så spurgte de ham: "Hvad så, er du Elias"? "Det er jeg ikke", sagde han. "Er du profeten?" "Nej" svarede han.

22: "Hvem er du?", spurgte de, "så vi kan give dem, der har sendt os et svar. Hvad siger du om dig selv"?

23: Han svarede: "Jeg er en stemme, der råber i ørkenen: Ryd vejen for Herren, som profeten Esajas siger".

24: Nogle af de udsendte var farisære,

25: og de spurgte ham: "Hvorfor døber du, når du hverken er Messias, Elias eller profeten"?

26: Johannes svarede: "Jeg døber med vand, men midt iblandt jer står én, som I ikke kender.

27: Han er den, der kommer efter mig, og hans sandalrem er jeg ikke værdig nok til at løse."

28: Dette fandt sted i Betania på østsiden af Jordan, hvor Johannes døbte.

Juleaften: Luk. 2,1-14

1: I de dage udgik der en befaling fra kejser Augustus, om at tælle alle folk i hele romerriget.

2: Det var den første folketælling, der fandt sted, mens Kvirinius var guvernør i Syrien.

3: Alle folk rejste for at blive registeret, hver til deres by.

4: Så Josef tog fra Galilæa, fra byen Nazareth til Judæa, til Davids by, som hedder Betlehem, fordi han var af Davids slægt,

5: for at lade sig registrere dér, sammen med Maria, sin forlovede, der ventede sig.

6: Mens, de var dér, gik hendes fødsel i gang,

7: og hun fødte en søn, sin første og svøbte[1] ham og lagde ham i et fodertrug, for der var ikke plads til dem i gæsteværelset.

8: Der var hyrder i det samme område, i det fri, som holdt nattevagt over deres flok.

9: Og en Herrens engel viste sig for dem og Herrens herlighed lyste over dem og de blev grebet af stor frygt.

10: Englen sagde til dem: "Frygt ikke, se jeg fortæller jer en stor glæde, som skal være for hele folket:

11: I dag er der født jer, i Davids by, en frelser. Han er Kristus og Herren.

12: Dette er et tegn for jer. I skal finde en baby svøbt og liggende i et fodertrug".

13: Pludselig var der med englen en mægtig himmelsk hær, som priste Gud:

14: "Ære være Gud i det højeste og på jorden fred blandt mennesker, som Gud synes om".

[1] ἐσπαργάνωσεν, *esparganosen*, verbum i aorist, aktiv, indikativ, 3rd Person, ental af σπαργανόω, at svøbe, findes kun her og i vers 12 i hele NT.

Juledag: Luk. 2,1-14

1: I de dage udgik der en befaling fra kejser Augustus, om at tælle alle folk i hele romerriget.

2: Det var den første folketælling, der fandt sted mens Kvirinius var guvernør i Syrien.

3: Alle folk rejste for at blive registeret, hver til deres by.

4: Så Josef tog fra Galilæa, fra byen Nazareth til Judæa, til Davids by, som hedder Betlehem, fordi han af Davids slægt,

5: for at lade sig registrere dér, sammen med Maria, sin forlovede, der ventede sig.

6: Mens, de var dér, gik hendes fødsel i gang,

7: og hun fødte en søn, sit første og svøbte[1] ham og lagde ham i et fodertrug, for der var ikke plads til dem i gæsteværelset.

8: Der var hyrder i det samme område, i det fri, som holdt nattevagt over deres flok.

9: Og en Herrens engel viste sig for dem og Herrens herlighed lyste over dem og de blev grebet af stor frygt.

10: Englen sagde til dem: "Frygt ikke, se jeg fortæller jer en stor glæde, som skal være for hele folket:

11: I dag er der født jer, i Davids by, en frelser. Han er Kristus og Herren.

12: Dette er et tegn for jer. I skal finde en baby svøbt og liggende i et fodertrug".

13: Pludselig var der med englen en mægtig himmelsk hær, som priste Gud:

14: "Ære være Gud i det højeste og på jorden fred blandt mennesker, som Gud synes om".

[1] ἐσπαργάνωσεν, *esparganosen*, verbum i aorist, aktiv, indikativ, 3rd Person, ental af σπαργανόω, at svøbe, findes kun her og i vers 12 i hele NT.

2. juledag, Skt. Stefans dag: Matt. 23,34-39

34: (Jesus sagde): "Jeg sender jer profeter, vise og eksperter i skriften.

Nogle af dem vil I myrde, andre vil I korsfæste i jeres synagoger og atter andre vil I jage fra by til by.

35: Med det resultat, at alt uskyldigt blod, fra dem, der er myrdet, vil blive jeres ansvar, lige fra den retfærdige Abel til Zakarias, Barakias' søn, som I myrdede mellem templet og alteret.

36: Jeg kan garantere jer, at denne generation, der lever nu, vil blive holdt ansvarlig for alt dette.

37: "Jerusalem, Jerusalem, som myrder profeter og stener dem, som er sendt til dig. Ofte har jeg villet samle dine børn på samme måde, som hønen samler sine kyllinger under vingerne, men du ville ikke.[1]

38: Jeres hus vil blive overladt til jer, øde som en spøgelsesby.

39: For jeg kan garantere jer, at I ikke vil se mig igen, før end I vil sige: Velsignet være han, som kommer i Herrens navn."

[1] Dette vers forudsætter egentligt flere besøg af Jesus i Jerusalem, som Johannes omtaler og ikke kun det ene, som Mattæus fortæller om.

Julesøndag: Luk. 2,25-40

25: Der var en mand i Jerusalem, ved navn Simeon. Han var en retfærdig og gudfrygtig[1] mand, som ventede Israels forløsning og Helligånden var over ham,

26: og det var åbenbaret ham af Helligånden, at han ikke skulle se døden, før end han så Herrens Messias/den salvede.

27: Ledet af Ånden kom han til templet, og da forældrene bar barnet Jesus ind for at gøre med barnet, som loven foreskriver,

28: tog han barnet i armene og priste Gud:

29: "Nu lader du, din slave, slutte sine dage, Herre[2], som du har lovet,

30: for mine øjne har set din frelse,

31: som du har forberedt for alle folkeslag.

32: Et lys, som skal åbenbares for ikke-jødiske folkeslag og som herlighed for dit folk, Israel".

33: Hans far og mor var forundret over det, som blev sagt om ham.

34: Simeon velsignede dem og sagde til hans mor: "Se, han er sat til fald og oprejsning for mange i Israel og et tegn til modsigelse,

35: så mange hjerters tanker vil blive åbenbaret og et langt sværd vil gennembore dit hjerte".

36: Anna, en profet[3] var der også. Hun var datter af Phanuel, af Asers stamme, højt oppe i årene. Hun var gift i 7 år,

37: og havde været enke i 84 år. Anna forlod aldrig templet, men holdt gudstjeneste nat og dag, bedende og fastende.

38: På det tidspunkt kom hun hen til dem og begyndte at takke Gud og at tale til alle, der ventede Jerusalem skulle blive sat fri.

39: Efter de havde gjort alt Herrens lov kævede, rejse de tilbage til Galilæa, til deres by Nazareth.

40: Barnet voksede og blev stærk. Han blev fyldt med visdom og Guds nåde var med ham.

[1]εὐλαβής, *eulabes*: "gudfrygtig" bruges i hele NT kun af Lukas her og i ApG 2,5, 8,2 og 22,12. Ordet findes udbredt i klassisk græsk.

[2]Gud tiltales af Simeon, hans slave, som despot= Herre, *despota,* δέσποτα. En tilsvarende brug af dette ord findes i ApG 4,24 og Åben 6,10.

[3]προφῆτις, *prophetis,* profet(inde) findes kun her i NT og i Åben. 2,20. Hos de gamle græske forfatter betyder det en kvinde, der er i stand til at tyde orakler. Her er det en kvindelig profet.

Nytårsdag: Luk. 2,21

21: Da otte dage var gået og han skulle omskæres, blev hans navn Jesus; det navn, englen gav ham, før hans mor blev gravid.

Helligtrekongers søndag: Matt. 2,1-12

1: Efter Jesus var født i Bethlehem, da Herodes var konge, kom nogle vise mænd fra Østen til Jerusalem,

2: og spurgte: "Hvor er han født, Jødernes konge, for vi har set hans stjerne i Østen, og er kommet for at tilbede ham".

3: Da det, kom kong Herodes for øre, blev han forvirret og hele Jerusalem sammen med ham,

4: og han sammenkaldte alle ypperstepræsterne og folkets eksperter i moseloven og profeterne, og forhørte sig hos dem: "Hvor skal Kristus fødes".

5: "I Bethlehem i Judæa", svarede de, "For således står det skrevet hos profeten:

6: Og du, Bethlehem i Judæa, er bestemt ikke den mindste blandt Judæas ledere, fra dig vil der komme en leder, Han skal være hyrde for mit folk, Israel"[1].

7: I hemmelighed tilkaldte Herodes de vise mænd og fik af dem præcis at vide, hvornår stjernen havde vist sig.

8: og han sendte dem til Bethlehem: "Gå hen og søg nøje efter barnet, og når I finder det, så send bud til mig, for at også jeg kan komme og tilbede det".

9: Efter de havde hørt kongen, tog de af sted, og stjernen, som de havde set i Østen, ledte dem indtil den stod stille over stedet, hvor barnet var.

10: De var mega/overordentlig glade, da de så stjernen,

11: og da de kom ind i huset, så de, barnet sammen med sin mor, Maria og de faldt ned og tilbad det og åbnede deres skattekiste og gav det gaver: guld, røgelse og myrra.

12: I en drøm blev de advaret[2] mod at vende tilbage til Herodes og de vente tilbage til deres land af en anden vej.

[1] Citatet her må siges at være en friere gengivelse af Mika 5,2 eller af Mika 5,1 i den græske oversættelse af GT, LXX. Citatet er hverken lig med den ene eller den anden udgave.

[2] I den tidligste engelske oversættelse af biblen foranlediget af John Wycliffe (ca. 1328-1384) oversat fra Vulgata, datidens latinske bibel, oversættes der til "thei hadden take an aunswere in sleep". Et svar fået i søvn.

1. søndag efter Helligtrekonger: Luk. 2,41-52

41: Hvert år under påskefesten tog hans forældre til Jerusalem.

42: Da han [Jesus] var 12 år, rejste de som sædvanligt op til festen.

43: Da festdagene var ovre og de vendte hjem, blev Jesus i Jerusalem, men det vidste hans forældre ikke.

44: Der gik en dags rejse, da de troede, at han var i rejsegruppen, før de søgte efter ham blandt familie og bekendte,

45: og da de ikke fandt ham, vendte de tilbage til Jerusalem.

46: Tre dage senere fandt de ham i templet, hvor han sad midt iblandt lærerne og lyttede til dem og stillede dem spørgsmål.

47: Alle, der hørte ham, var forundret over hans evne til at forstå og hans svar.

48: Da hans forældre så ham, var de chokeret og hans mor sagde: "Søn, hvorfor har du gjort det mod os, din far og jeg har bekymret søgt efter dig".

49: "Hvorfor ledte I efter mig", svarede Jesus, "vidste I ikke, at jeg måtte være i min Faders hus".

50: Men de forstod ikke, hvad han mente.

51: Derefter vendte han tilbage sammen med dem til Nazareth og var lydig mod dem. Hans mor gemte disse ting i sit hjerte.

52: Jesus voksede i visdom og velvilje/goodwill overfor Gud og mennesker.

2. søndag efter Helligtrekonger: Joh. 2,1-11

1: Tre dage senere fandt en bryllupsfest sted i Kana, i Galilæa. Jesu mor var med (til festen).

2: Jesus og hans elever/lærlinge/praktikanter var også inviteret.

3: Da vinen slap op, sagde Jesu mor til ham: "De har ikke mere vin".

4: "Hvad kommer det os ved, kvinde", svarede Jesus, "min time er endnu ikke kommet".

5: Hans mor siger/sagde [måske bedre med: sagde, selvom ordet på græsk er nutid] til tjenerne: "Hvad end han siger til jer; det skal I gøre"

6: Der var seks stenkar; de var dér til brug for jødernes ceremonielle afvaskning af hænder. De rummede hver mellem 90 og 135 l.[1]

7: Jesus siger til tjenerne: "Fyld vand i karrene", og de fyldte karrene helt op.

8: Da sagde Jesus: "Øs nu op og bring det til overtjeneren". Det gjorde de.

9: Da overtjeneren smagte på vandet, der var blevet til vin og ikke vidste, hvor det kom fra, men det vidste tjenerne, som havde hældt vandet op, kalder overtjeneren på brudgommen,

10: og siger: "Enhver vært sætter først den bedste vin frem og når de er blevet fulde, den billige vin, men du har gemt den bedste vin indtil nu".

11: Det var i Kana i Galilæa, at Jesus udførte det første af sine tegn og vidste sin herlighed og eleverne/lærlingene/praktikanterne troede ham.

[1] Der står egentlig, at de rummede 2 til 3 μετρητὰς, *metretes*, flertal i akkusativ af μετρητής, *metretes*. Dette rummål er lige med mellem 9 og 10 engelske gallons. De rummede med andre ord 20 til 30 gallons, hvilket svarer til ca. 90 til 135 l. Ganget med 6 er der tale om adskillige liter vin.

3. søndag efter Helligtrekonger: Matt. 8,1-13

1: Efter Jesus var kommet ned fra bjergene, fulgte en masse folk ham.

2: Da kom der en spedalsk og knælede ned for ham, idet han sagde: "Herre, hvis du ønsker det, så kan du helbrede mig".

3: Da hans hånd var rakt frem, rørte Jesus ved ham, med ordene: "Jeg ønske det, bliv helbredt" og straks blev hans spedalskhed kureret.

4: Jesus pålagde ham: " Pas på, at du ikke fortæller nogen det, men gå du selv hen og vis dig for præsterne og bring den gave, som Moses har foreskrevet, af hensyn til dem".

5: Da Jesus var kommet ind i Kapernaum, kom der en officer i den romerske hær og bønfaldt ham:

6: "Herre, min søn[1] ligger hjemme som en lam og lider forfærdeligt".

7: Jesus svarede: "Jeg vil komme og helbrede ham".

8: "Herre, jeg er ikke værdig til, at du skulle komme under mit tag", sagde officeren," men sig blot et ord og min søn[1] vil blive kureret.

9: For jeg er selv en mand under kommando og har også soldater under mig, og siger jeg til en af dem: Gå, så går han, og til en anden: Kom, så kommer han, og til min slave: Gør det, så gør han det".

10: Da Jesus hørte dette, blev han overrasket og sagde til dem, der fulgte med ham: "Jeg kan garantere jer, at end ikke i Israel har jeg fundet en sådan tro".

11: Jeg siger jer: "Mange skal komme fra øst og vest og sidde til fest med Abraham, Isak og Jacob i Himmeriget.

12: men rigets egne børn vil blive kastet ud i det yderste mørke og der skal der være gråd og ekstrem smerte".

13: Jesus sagde til officeren: "Gå! Det, du troede, vil ske!" Og hans søn blev helbredt i selv samme time.

[1] παῖς, *pais*, søn kan også oversættes med tjener, Hos Lukas er det en slave, *doulos*. Luk 7,2

4. søndag efter Helligtrekonger: Matt. 8,23-27

23: Da Jesus gik ombord i båden, fulgte hans elever/lærlinge/praktikanter ham.

24: Pludselig rejste sig en mega storm på søen, så båden blev skjult af bølgerne. Men Jesus sov.

25: De gik frem til Jesus og vækkede ham, mens de sagde: "Herre, red[1] os med det samme, vi er ved at gå ned[2]".

26: Han svarede: "Hvorfor er I bange, så lidt tro I har", og så rejste han sig og irettesatte vindene og søen, og det blev blikstille.

27: Mændene undrede sig: "Hvem er han, når selv vinden og søen adlyder ham"?

[1] Verbet her er i aorist. imperativ, 2. person ental, for at skildre den nødvendige og hurtige handling. Derfor: "red os med det samme".

[2] Verbet her er i præsens, 1 person flertal, for at skildre den lineære, vedvarende situation i nutid: Derfor: "vi er ved at gå ned".

5. søndag efter Helligtrekonger: Matt. 13,24-30 eller Matt. 13,44-52

Matt. 13,24: Han (Jesus) præsenterede en anden fortælling for dem:

"Himmeriget kan sammenlignes med en person, der såede godt sædekorn på sin mark.

25: Mens folk sov/Om natten kom hans fjende og såede giftigt rajgræs[1] oven på hveden og gik igen.

26: Da kornet voksede op og satte kerner, blev også det giftige rajgræs synligt,

27: og så kom ejerens slaver og spurgte: "Herre, såede du ikke godt sædekorn på din mark, hvor kommer så det giftige rajgræs fra?".

28: "Det har en fjende gjort", svarede han. "Vil du, at vi skal gå ud og samle det fra?" spurgte slaverne.

29: "Nej", svarede han, "hvis I samler det giftige rajgræs sammen, kan I komme til at trække hveden med op".

30: "Lad begge gro side om side indtil høsten. Når høsttiden kommer, så vil jeg sige til høstarbejderne: Saml først det giftige rajgræs sammen i neg, så det kan blive brændt [måske skal det oversættes: blive brugt som brændsel], men hveden skal bringes ind i min lade".

[1] ζιζάνια, *zizania* er lolium temulentum, som er udbredt i Palæstina og som minder meget om hvede bortset fra sorte kerner og derfor vanskelig at skelne fra hvede indtil de begge bærer kerner.

Matt. 13,44: "Himmeriget er som en skat skjult i en mark. Den fandt en person og skjulte den, og i sin glæde gik han hen og solgte alt, han havde, og købte den mark.

45: Himmeriget er også som en handelsrejsende, der søgte prægtige perler.

46: Når han fandt en værdifuld perle, gik han hen og solgte alt, han havde, og købte den.

47: Himmeriget er også som et net, der kastes i søen. Det fanger alle slags fisk.

48: Når det er fuldt, trække de det op på bredden og sætter sig og samler de gode fiske i kurve[1], og smider de dårlige ud.

49: Således vil det ske ved tidens ende. Engle vil drage ud og adskille de onde mennesker fra dem, der har Guds accept.

50: og kaste dem i den brændende ovn. Der vil være gråd og ekstrem smerte".

51: "Forstår I det", spurgte (Jesus). "Ja", (svarede de).

52: Da sagde (Jesus): Det er derfor, at enhver lovkyndig, som er blevet Himmerigets elev/lærling/praktikant, er som en husejer, der tager nye og gamle ting ud af sin skattekiste.

[1] ἄγγη, *agge*, er flertal af ἄγγος, *aggos*, som betyder kurv til fisk og ordet findes kun her i NT. I Matt 25,4 bruges ordet ἀγγεῖον, *aggeion*, som betyder kurv i al almindelighed.

Sidste søndag efter Helligtrekonger: Matt. 17,1-19

1: Efter seks dage tog Jesus Peter, Jacob og hans bror Johannes og førte dem op på et højt bjerg for at være for sig selv.

2: Og han blev givet en anden form/han blev metamorfoseret i deres nærvær: Hans ansigt lyste som solen og hans tøj blev hvidt som lyset.

3: Moses og Elias viste sig for dem og de talte sammen med Jesus.

4: Peter henvendte sig til Jesus: "Herre, det er godt, at vi er her. Hvis du vil, så bygger jeg tre hytter, en til dig, en til Moses og en til Elias".

5: mens han endnu talte, kom der en lysende sky og dækkede dem og der lød en stemme fra skyen: "Det er min søn, den elskede, ham er jeg meget tilfreds med. Hør ham".

6: Da eleverne/lærlingene/praktikanterne hørte det, faldt de ned med deres ansigt mod jorden i stor frygt.

7: Og Jesus kom og rørte ved dem: "Stå op og frygt ikke".

8: og de løftede deres øjne, og så ingen andre end Jesus.

9: På vejen ned af bjerget pålagde Jesus dem: "Sig ikke noget til nogen om, det I har set, førend Menneskesønnen er blevet oprejst fra de døde".

Søndag septuagesima: Matt. 20,1-16

1: Himmeriget ligner en fortælling om en vinbonde, der gik ud ved solopgang for at hyre arbejdere til sin vingård.

2: Han enedes med arbejderne om en denar pr. dag og sendte dem ud til sin vingård.

3. Kl. 9 [ved den 3. time] gik han ud og så en gruppe stå ledige på markedspladsen,

4: og han sagde til dem: "Gå også I ud til min vingård og jeg vil give jer, hvad der er fair".

5: Og de gik derud. Vinbonden gik ud igen kl. 12 [den 6. time] og kl. 15 [den 9. time] og gjorde det samme.

6: Omkring kl.17 [den 11. time] gik han ud igen og fandt stadig en gruppe, som stod, ledige og han spurgte: "Hvorfor har I stået her ledige hele dagen?"

7: "Fordi ingen har hyret os", svarede de. Så sagde vinbonden: "Gå også ud til min vingård"

8: Da det blev fyraften, sagde vinbonden til sin formand: "Kald arbejderne sammen og udbetal deres løn, begynd med de sidste og slut med de første".

9: De, som startede omkring kl.17 [den 11. time] kom og fik hver en denar.

10: Da de, der var blevet hyret først, kom, forventede de at få mere, men de fik hver især en denar.

11: Efter de havde modtaget den, begyndte de at brokke sig overfor vinbonden:

12: "De sidste har kun arbejdet en time og du har ligestillet dem med os, som har slæbt hele dagen under den sviende hede".

13: "Ven[1], jeg behandler dig ikke unfair", svarede vinbonden en af dem, "indgik du ikke en aftale med mig om en denar?

14: Tag dit, og gå. Jeg vil give den sidste, det samme, som dig".

15: Det, som er mit, det må jeg gøre med, hvad jeg vil, ikke? Eller har du ondt i sulet/er dit øje ondt, fordi jeg er gavmild?"

16: På den måde skal de sidste være de første og de første være de sidste.

[1] ἑταῖρε, *etaire*, ven. En typisk tiltaleform, selv min mellemøstlige frisør kalder mig sin ven, helt uden vi kender hinanden ud over mit månedlige besøg.

Søndag, seksagesima 1: Mk. 4,1-20

1: Jesus begyndte igen at undervise ved Galilæa sø, og en meget stor folkeskare samledes om ham, så han måtte gå ombord på en båd og sætte sig, mens hele folkeskaren var langs søbredden.

2: Han lærte dem mange ting ved hjælp af fortællinger og sagde:

3: "Hør her: En landmand gik ud for at så (med hænderne)

4: og mens han såede, faldt noget langs med vejen/stien og fuglene kom og åd det.

5: Noget faldt i klippefyldt jord, hvor der ikke var meget jord, og straks spirede det frem, fordi det ikke havde et dybt jordlag,

6: og når solen steg op, blev det afsvedet, fordi det ikke havde et ordentligt rodnet og det visnede bort.

7: Noget faldt blandt tornebuske og buskene voksede op og kvalte kornet, og det kunne ikke høstes.

8: Men noget faldt i frugtbar jord, spirede og voksede op, og bar kerner, og gav 30, 60 eller 100 fold.

9: Lad dem, der har øre, høre", sluttede han.

10: Da Jesus var alene med sine tilhængere/dem og de tolv, spurgte de ham om fortællingerne.

11: (Jesus) han svarede dem: "Til jer er mysteriet om Guds rige givet direkte, men til dem udenfor (vor kreds), er det givet i fortællingerne,

12: fordi de ser tydeligt, men opfatter ikke.

De hører tydeligt, men forstår ikke.

De vender ikke tilbage og bliver tilgivet".

13: Jesus spørger dem: "Forstår I ikke denne fortælling, hvordan vil I så forstå alle fortællingerne?

14: Landmanden sår ordet.

15: Nogle mennesker er som det, der faldt langs vejen. Lige så snart ordet er sået, hører de det og straks kommer Satan og fjerner ordet, der var sået i dem.

16: Andre er som dem, der blev sået i klippefyldt jord. Når de hører ordet, modtager de det straks med glæde,

17: men de har ikke noget rodnet og de holder ikke længe. Når lidelserne og forfølgelser på grund af ordet kommer, falder de straks fra.

18: Andre er dem, der blev sået blandt tornebuske. Det er dem, der har hørt ordet,

19: og tidens bekymringer, rigdommens svigefuldhed og begær efter andre ting kommer ind og kvæler ordet, så det intet kan udrette.

20: Andre er som, det såkorn, der faldt i frugtbar jord. De hører ordet og tager imod det og bærer kerner: 30, 60 eller 100 fold."

Fastelavns søndag: Matt. 3,13-17

13: Da tog Jesus fra Galilæa til floden, Jordan, til Johannes, for at blive døbt af ham;

14: men Johannes ville stoppe ham: "Jeg har behov for at blive døbt af dig og du kommer til mig."

15: Jesus svarede: "Lad det nu ske, for sådan er det rigtigt af os at gøre alt det, Gud kræver[1]". Så gav Johannes sig.

16: Straks Jesus var blevet døbt og kom op af vandet, åbnede himlene sig over ham og han så Guds Ånd komme ned som en due og sætte sig på ham,

17: og der lød en røst fra Himlen: " Dette er min elskede Søn, som bringer mig stor glæde."

---

[1] Egentlig står der: δικαιοσύνην , *dikaiosunæn,* som er akkusativ, feminin, ental. Når og hvis jeg oversætter det med retfærdighed, forstår jeg det på følgende måde: Ordet betegner konformitet med en højre autoritets krav og er modsætning til άνομία, *anomía,* lovløshed. Her er der tale om Guds krav til mennesket, og for at blive konform med disse krav må mennesket modtage Gud, som han tilbyder sig selv og retfærdigheden som gave (Rom 5,17). Anerkendelse og accept af Guds krav, realiseres gennem troen og står derfor i modsætning til den retfærdighed, som kommer fra loven og som er menneskets accept af lovens krav. Mennesket bliver **kun i Kristus** alt det, som Gud kræver, at et menneske skal være – al det et menneske ikke kan blive af sig selv.

Retfærdighed er en tilregnet retfærdighed.

MEN her har jeg valgt at oversætte det, som jeg gør, fordi ordet bruges af Jesus.

1. søndag i fasten: Matt. 4,1-11

1: Da blev Jesus ført ud i ørkenen af Ånden for at blive fristet af djævlen.

2: 40 dage og 40 nætter fastede han, og herefter var han meget sulten.

3: På det tidspunkt kom fristeren til ham og sagde: "Hvis du er Guds Søn, så sig til stenene dér, at de skal blive til brød".

4: Jesus svarede: "Nej, skriften siger: Et menneske lever ikke af brød alene, men af ethvert ord, der kommer fra Guds mund" [5.Mos 8,3].

5: Da tog djævlen ham med til den hellige by og stillede ham på templets højeste punkt,

6: og sagde til ham:" Hvis du er Guds Søn, så spring ud. For skriften siger: Han vil instruere sine engle om dig og de vil bære dig på hænder, for at du ikke skal slå din fod på en sten" [Ps. 91,11-12].

7: Jesus svarede: "Skriften siger også: Du skal ikke teste, Herren, din Gud" [5. Mos 6,16].

8: Da tog djævlen ham med til et meget højt bjerg og viste ham alle verdens riger og deres herligheder,

9: og sagde: "Alt dette vil jeg give dig, hvis du knæler ned og tilbeder mig".

10: Jesus svarede: "Gå herfra, Satan, for skriften siger: Tilbed Herren din Gud og tjen ham alene" [5. Mos 6,13].

11: Da forlod djævlen ham og engle kom og tog sig af ham.

2. søndag i fasten: Matt. 15,21-28

21: Efter Jesus havde forladt det sted, hvor han var, trak han sig tilbage til området omkring Tyrus og Sidon.

22: En kanaanæisk kvinde fra disse egne kom nær og råbte: "Hav medlidenhed med mig, Herre, Davids søn, min datter er voldsomt dæmoniseret".

23: Jesus svarede hende ikke med et eneste ord, men hans elever /lærlinge/praktikanter kom og bad ham: "Send hende bort, hun råber efter os".

24: Da sagde Jesus (til kvinden): "Jeg er alene sendt til de vildfarne får – Israels folk"

25: Så kom hun og knælede ned foran ham og bad: "Herre, hjælp mig".

26: Jesus svarede." Det er ikke korrekt at tage børnenes brød og kaste det til hundene".

27: "Det er rigtigt", svarede kvinden, "og alligevel æder hundene af de krummer, der falder fra deres ejeres bord".

28: Så sagde Jesus til hende; "Kære kvinde, din tro er stor. Det skal ske, som du ønsker", og hendes datter blev kureret med det samme.

3. søndag i fasten: Luk. 11,14-28

14: Jesus drev en dæmon, som var stum, ud, og da dæmonen var fordrevet, talte den stumme og skaren blev overrasket.

15: Men nogle sagde: "Han uddriver dæmoner ved hjælp af Beelzebul, dæmonernes fyrste".

16: Andre testede ham og krævede et tegn fra Himlen.

17: Jesus kendte deres tanker: "Ethvert rige i strid med sig selv bliver ødelagt og hus efter hus falder.

18: Hvis Satan er kommet i strid med sig selv, hvordan kan hans rige så bestå? Jeg siger dette, fordi I siger, at jeg uddriver dæmoner ved Beelzebuls hjælp.

19: Hvis jeg uddriver dæmoner ved Beelzebuls hjælp, ved hvis hjælp uddriver jeres sønner/tilhængere dem. De skal være jeres dommere.

20: Men hvis jeg uddriver dæmoner ved Guds finger, så er Guds rige kommet til jer.

21: Når den stærkt bevæbnede vogter sin ejendom, kan han have sine ejendele i fred,

22: men når en stærkere end ham angriber og besejrer ham, fratager sejrherren våbnene, som han stolede på, og deler byttet ud.

23: Den, som ikke er med mig, er imod mig, den, som ikke samler sammen med mig, spreder.

24: Når en uren ånd farer ud af et menneske, vandrer den gennem tørre områder for at finde et hvilested, og når den ikke finder det, siger den til sig selv: " Jeg vil vende tilbage til det hus, jeg forlod".

25: Når den kommer og finder det fejet og pyntet,

26: så drager den ud og tager syv andre ånder med værre end den selv, og de gå ind og slår sig ned der. For det menneske bliver det sidste værre end det første".

27: Da han havde sagt dette, råbte en kvinde i skaren: " Velsignet være den, der har født dig og det moderbryst, der gav dig føde".

28: "Velsignet er den, der hører og adlyder Guds ord", svarede Jesus.

Midfaste søndag: Joh. 6,1-15

1: Senere[1] krydsede Jesus over Galilæas sø, også kaldet Tiberias sø.

2: En stor folkeskare fulgte ham, fordi de havde set de tegn/helbredelser, han havde udført på de syge.

3: Jesus gik op på et bjerg og satte sig der sammen med sine elever /lærlinge/praktikanter.

4: Det var lige før påske, jødernes fest.

5: Da Jesus fik øje på[2] en stor folkeskare, spurgte han Philip: "Hvor skal vi købe brød, så de kan få noget at spise.

6: Dette sagde han for at prøve ham, selv vidste han, hvad han ville gøre.

7: Philip svarede: "Brød for 200 denarer er ikke tilstrækkeligt til, at enhver kan få bare en lille smule".

8: En af hans elever/lærlinge/praktikanter, Andreas, Simon Peters bror, sagde:

9: "Der er en dreng, som har fem bygbrød og to små fisk, men hvad er det til så mange"?

10: Jesus svarede: "Få folk til at sætte sig". Der var meget græs på dette sted. Da satte de sig, hen ved 5000 voksne.

11: Jesus tog brødene, takkede og gav dem til dem, der havde sat sig, på samme måde med fiskene, så meget som de ville have.

12: Da de var mætte, sagde Jesus: " Saml resterne samme, så ikke noget går til spilde".

13: De samlede og fyldte 12 kurve med resterne af bygbrødene.

14: Folk, som så tegnet, som han gjorde, sagde: "Det er med sikkerhed profeten, som skal komme til verden".

15: Da Jesus vidste, at de ville komme og tage ham med magt for at gøre ham til konge, gik han igen alene op på bjerget.

[1]Μετὰ ταῦτα, *meta tauta*: en almindelig brugt tidsangivelse hos Johs. (se 3,21; 5,1; 6,1; og 7,1). Det er en ubestemt tidsangivelse. Der kan meget vel være gået en rum tid mellem kap. 5 og kap. 6

[2]Egentligt står der på græsk: Havende løftet sine øjne og havende set en stor folkeskare osv.

Mariæ bebudelses dag: Luk 1,26-38

26: I den sjette måned blev englen Gabriel sendt af Gud til en by i Galilæa ved navn Nazareth.

27: nærmere bestemt til en ugift kvinde, som var forlovet med Josef af Davids slægt, og hun hed Maria.

28: Englen kom ind til hende og sagde: "Glæd dig, du, som har Guds velbehag! Herren er med dig".

29: Men hun blev forskrækket ved disse ord og tænkte: "Hvad er det for en hilsen".

30: Men englen sagde: "Vær ikke bange, Maria, for du har Guds velvilje,

31: og du skal blive gravid og føde en søn, og du skal navngive ham: Jesus.

32: Han skal blive stor og kaldes den Højeste søn og Gud vil give ham hans forfar Davids trone,

33: og han skal være konge over Jacobs slægt til evig tid, og hans kongerige skal være uden ende".

34: Maria spurgte englen: "Hvordan skal det gå til. Jeg har endnu ikke været sammen med en mand".

35: Englen svarede: "Helligånden skal komme over dig og den Højestes kraft skal overskygge dig, og derfor skal det hellige barn, du bærer, kaldes Guds Søn".

36: "Din slægtning, Elisabeth, er i sin alderdom gravid i sjette måned med en søn. Hende om hvem folk sagde, at hun ikke kunne blive gravid.

37: Men for Gud er al ting muligt".

38: Maria svarede: "Jeg er Herrens tjener, lad alt, hvad du har sagt, ske".

Palmesøndag: Matt. 21,1-9 (+10-11)

1: Da de nærmede sig Jerusalem og kom på højde med Bethfage på Oliebjerget, (da) sendte Jesus to elever/lærlinge/praktikanter af sted

2: med disse ord: "Gå hen i landsbyen, som er foran jer, og I vil straks finde et æsel, der står bundet samme med sit føl. Løs dem og bring dem til mig.

3: Hvis nogen siger noget til jer, skal I svare: Ejeren[1] har brug for dem og med det samme vil han lade dem gå".

4: Dette skete for at opfylde, det som profeten havde sagt:

5: "Sig til Zions datter: Se din konge kommer ridende til dig – mild og siddende på et æsel – på et pakæsels føl".

6: Eleverne/lærlingene/praktikanterne gik og gjorde præcis, som Jesus havde pålagt dem;

7: Hentede æslet og føllet og lagde kapper/overtøj over dem og han satte sig op på kapperne/overtøjet;

8: og en meget stor folkeskare bredte deres kapper/overtøj ud på vejen; andre skar grene af træerne og spredte dem ud på vejen.

9: Folkeskaren som gik foran ham og dem, som fulgte efter, råbte:

"Hosianna Davids søn. Velsignet være han, som kommer, i Herrens navn".

10: Og da han kom ind i Jerusalem, blev hele byen rystet, og folk spurgte: "Hvem er det"?

11: Folkeskaren svarede: "Det er profeten Jesus, ham fra Nazareth i Galilæa".

---

[1] Ordene ho kurios, ὁ κύριος, er her oversat med ejeren og ikke med Herren med stort. I Matthæus´ optik er ejeren i sidste instans Jesus, der er Herren over alt og alle.

Skærtorsdag: Matt. 26,17-30

17: På den første dag i de usyrede brøds fest kom eleverne/lærlingene/ praktikanterne hen til Jesus og spurgte: Hvor vil du, at vi skal forberede påskemåltidet for dig.

18: og han svarede: Gå hen i byen til den bestemte mand, I ved hvem, og sig til ham: Læreren[1] siger: Min time er nær, hos dig fejrer jeg påske med mine elever/lærlinge/praktikanter.

19: og eleverne/lærlingene/praktikanterne gjorde, som Jesus havde befalet dem og de forberedte påsken.

20: Da det var blevet aften, lå han til bords med de tolv,

21: og under måltidet sagde han: "Jeg siger jer, at en af jer, med garanti, vil overgive/forråde mig".

22: Chokeret begyndte de en efter en at spørge ham: "Det er vel ikke mig, Herre?"

23: Han svarede: "Den, som dyppede hånden sammen med mig i skålen – ham er det, der vil overgive/forråde mig

24: Menneskesønnen går det præcis, som det er skrevet om ham; men ve det menneske, som overgiver/forråder menneskesønnen. Det var bedre for dette menneske, om det aldrig var blevet født".

25: Da spurgte Judas, som overgiver/forråder ham: "Det er vel ikke mig, Rabbi"? Han svarede ham: "Du sagde det selv"!

26: Under måltidet tog Jesus et brød, velsignede og brød det og gav det til sine elever/lærlinge/praktikanter: "Tag det. Spis det. Det er min krop/mit legeme".

27: Og han tog et bæger. Takkede Gud og gav dem det: "Drik, alle sammen, heraf.

28: Det er mit blod, pagtens blod, som skænkes for mange til syndernes forladelse.

29: Jeg siger jer fra nu af vil jeg ikke drikke vinen før den dag, da jeg skal drikke den med jer i min faders rige".

30: Da de havde sunget en lovsang, gik de ud til oliebjerget.

[1] Ordet, der er oversat med læreren, er det græske ord: *ho didaskalos*, ὁ διδάσκαλος

Langfredag:

Jeg har ikke oversat tekster til Langfredag, da det er min erfaring med kirkernes langfredagsgudstjeneste, at det varierer meget, hvad der bruges. Skulle nogen have lyst til, at jeg skulle oversætte en bestemt tekst til langfredag, er man velkommen til at kontakte mig.

Påskedag: Mk. 16,1-8

1: Da sabbatten var forbi købte Maria Magdalene og Maria Jakobs mor og Salome aromatiske olie for at gå ud og salve ham.

2: Meget tidligt om søndagen, da solen lige var stået op, kommer de til graven;

3: og de sagde til hinanden: "Hvem kan vi få til at rulle stenen for indgangen til graven til side (for os)";

4: da de så op, erfarer de, at stenen er rullet til side. Den var nemlig meget stor.

5: Da de kom ind i graven, fik de øje på en ung mand siddende til højre i en lysende hvid kjortel, og de blev slået af forbløffelse.

6: "Vær ikke forbløffet" (siger ham til dem) "I søger Jesus fra Nazareth, den korsfæstede, han er opstået[1]. Han er ikke her. Der er stedet, hvor de lagde ham.

7: Men gå og fortæl hans elever/lærlinge/praktikanter og til Peter, at ham går forud for dem til Galilæa. Der skal, I se ham, præcis som han har sagt jer det".

8: De gik ud og skyndte sig væk fra graven, rystede og ved siden af sig selv, og de sagde ikke noget til nogen, for de var bange[2].

[1] Ordet, der er oversat med *han er opstået,* er *egerthe*, ἠγέρθη i aorist passiv indikativ 3. person ental, for at vise, at det er noget, der sker med Jesus og for at fastslå, at det er et simpelt faktum. Hos Paulus i 1. Kor. 15,4 bruges perfektum passiv indikativ 3. person ental, *egegertai*, εγηγερται, for at understrege den permanente situation, at Jesus forbliver opstanden.

[2] Kan meget vel betyde, at de var slået af ærbødig frygt, over det de havde oplevet i graven og derfor ude af stand til at føre en normal samtale.

Anden påskedag: Luk. 24,13-35

13: Den samme dag var to af dem på vandring mod Emmaus, en landsby, der lå omkring 11 km.[1] fra Jerusalem.

14: og de talte sammen om alt det, som var sket.

15: mens de talte sammen og stillede hinanden spørgsmål, skete det, at Jesus kom og slog følge med dem.

16: men de[2] blev forhindret i at genkende ham.

17: Han spurgte dem:" Hvad er det, I går og drøfter med hinanden så intens[3]"? De standsede brat og så bedrøvet ud.

18: En, hvis navn var Kleopas, svarede: "Er du den eneste i Jerusalem, der ikke ved, hvad der er hændt her for nylig".

19: "Sket, hvad", spurgte han. "Det om Jesus fra Nazareth", svarede de, " han, som var en profet mægtig i gerning og i ord overfor Gud og hele folket.

20: Og vores ypperstepræster og vores ledere overgav ham til at blive dømt til døden og de korsfæstede ham.

21: Men **vi** havde håbet, at han var den, der skulle befri Israel; sammen med alt det, så er det den tredje dag, siden det skete.

22: Og nogle af vores kvinder har forvirret os, for tidligt i morges kom de ud til graven,

23: og da de ikke fandt hans krop, kom de tilbage og berettede, at de i en vision havde set engle, som sagde: "Han lever".

24: Nogle mænd, som var samme med os, gik ud til graven og fandt det præcis, som kvinderne havde berettet; men Ham så de ikke".

25: Jesus sagde til dem: "Oh, hvor er I uforstandige og med alt for sløve hjerter til at tro, al det, som profeterne har sagt.

26: Var det ikke nødvendigt, at Kristus skulle lide disse ting og så gå ind til sin herlighed".

27: Idet han begyndte med Moses og fortsatte med alle profeterne, udlagde han for dem alt, der refererede til ham i skrifterne.

28: Da de nærmede sig den landsby, som var målet for deres vandring, lod han, som om han ville gå videre.

29: Men de nødte ham kraftigt: "Bliv hos os, for det er næsten aften og dagen er lige ved at være ovre". Han gik med ind for at blive sammen med dem.

30: Da skete det, mens han lå til bords sammen med dem, at han tog et brød og velsignede det, brød det og delte ud til dem.

31: Da åbnedes deres øjne og de genkendte ham; og så blev han usynlig for dem;

32: og de sagde til hinanden: "Brændte det ikke i vort hjerte, da han talte til os på vejen og udlagde skrifterne for os".

33: I den samme time brød de op og vendte tilbage til Jerusalem og de fandt de elve og dem, som var sammen med dem, forsamlet på et sted;

34: og de sagde: "Herren er vitterlig opstået[4] og set af Simon".

35: Da fortalte de om det, der var sket på vejen og at han gav sig til kende, da han brød brødet.

[1] 60 stadier. En stadie er ca. 185 m.

[2] Egentlig deres øjne, οἱ ὀφθαλμοὶ αὐτῶν

[3] Det ordbillede, der anvendes her, kan oversættes med: hvad er det for ord, som I kaster til hinanden efter tur. τίνες οἱ λόγοι οὗτοι οὓς ἀντιβάλλετε πρὸς ἀλλήλους. Et særpræget og smukt ordbillede af samtale eller drøftelse som et boldspil med ord. Findes kun her i NT.

[4] Ordet, der er oversat med *han er opstået,* er *egerthe,* ἠγέρθη i aorist passiv indikativ 3. person ental, for at vise, at det er noget, der sker med Jesus og for at fastslå, at det er et simpelt faktum. Egentlig betyder det at han er blevet oprejst. Hos Paulus i 1. Kor. 15,4 bruges perfektum passiv indikativ 3. person ental, *egegertai,* ἐγήγερται, for at understrege den permanente situation, at Jesus forbliver opstanden.

1. søndag efter påske: Joh. 20,19-31

19: Den samme søndag sent om aftenen, da eleverne/lærlingene/praktikanterne var samlet bag lukkede døre af frygt for jøderne, kom Jesus og stillede sig i deres midte: "Fred være med jer", sagde han,

20: og viste dem hænderne og siden. Eleverne/lærlingene/praktikanterne blev glade, da de så Jesus.

21: Jesus sagde igen: "Fred være med jer; præcis som Faderen har udsendt mig, sender jeg jer".

22: Da han havde sagt dette, pustede han på dem[1]: "Modtag Helligånden.

23: Enhver, I tilgiver synder, er tilgivet, enhver I ikke tilgiver, er ikke tilgivet".

24: Thomas, en af de tolv, som blev kaldt Tvilling [eller på græsk Didymos] var ikke sammen med de andre, da Jesus kom.

25: De andre elever/lærlinge/praktikanter sagde til ham: "Vi har set Herren". "Hvis ikke jeg ser hullerne efter naglerne på hans hænder og stikker min hånd i hans side, tror jeg ikke", svarede Thomas.

26: Søndagen efter, var eleverne/lærlingene/praktikanterne atter indendørs og Thomas var sammen med dem. Skønt dørene var lukket, kom Jesus og stod i deres midte: "Fred være med jer", sagde han

27: og henvendt til Tomas: "Kom med din finger og se mine hænder, kom med din hånd og stik den i min side; vær ikke tvivlende, men troende".

28: Thomas svarede: "Min Herre og min Gud".

29: "Fordi du har set mig, troede du, men velsignet er de, der ikke har set, men dog troede".

30: Mange andre tegn gjorde Jesus i hans elevers/lærlinges/praktikanters nærvær, som der ikke er skrevet om i denne bog,

31: men disse her er skrevet, for at I, når I tror, skal have liv i hans navn.

---

[1] Ordet, som oversættes med: pustede han på, er ἐνεφύσησεν, (enephusesen). Aorist aktiv indikativ af ἐμφυσάω, bruges kun her i NT. som en symbolsk handling og det med præcis det samme ord, som i LXX, da Gud pustede livsånde ind i Adam (1. Mos. 2,7).

2. søndag efter påske: Joh. 10,11-16

11: (Jesus siger:) "Jeg er den gode hyrde. Den gode hyrde sætter sit liv på spil for fårene.

12. Lønarbejderen, som ikke er hyrde, og fårene derfor ikke er hans egne, ser ulven komme, forlader fårene og flygter, og ulven tager nogle får og spreder resten,

13: fordi han er lønarbejder og ikke holder af fårene.

14: Jeg er den gode hyrde og jeg kender mine, og mine kender mig,

15: præcis som Faderen kender mig og jeg kender Faderen. Jeg sætter mit liv på spil for fårene.

16: Men jeg har også andre får, som ikke hører til i denne flok, dem må jeg også lede og de vil høre min stemme og der skal være én flok og én hyrde".

3. søndag efter påske: Joh. 16,16-22

16: "Om ikke længe, vil I ikke se mig og om ikke længe, vil I se mig igen"

17: Nogle af eleverne/lærlingene/praktikanterne sagde til hinanden: "Hvad er det, han siger til os; om ikke længe, vil I ikke se mig og om ikke længe, vil I se mig igen, og så går jeg til min Fader".

18: De blev ved med at spørge: "Hvad mener han – om ikke længe, vi forstår ikke, hvad han siger".

19: Da Jesus vidste, at de ville spørge ham, sagde han til dem: "Prøver I, i fællesskab at fatte, at jeg sagde: om ikke længe, vil I ikke se og om ikke længe, vil I se mig igen.

20: Jeg kan med garanti fortælle jer, at I vil græde og synge klagesange, men verden vil glæde sig. I vil sørge, men jeres sorg skal blive til glæde.

21: En kvinde føler smerte, når tidspunktet kommer for fødslen, men hun husker ikke besværet på grund af glæden over at have bragt et barn til verden.

22: Nu har I smerte, men jeg vil se jer igen, og I vil blive glade/jeres hjerte vil glædes og ingen skal tage jeres glæde fra jer".

Bededag: Matt. 3,1-10

1: I de dage kommer Johannes Døberen til Judæas ørken,

2: og han begynder at prædike: " Skift spor; for himmeriget er nær".

3: Han, er den, der blev talt om hos profeten Esajas, som siger: "Forbered vejen for Herren og gør hans stier jævne".

4: Johannes havde klæder af kamelhår og et læderbælte om livet og hans føde var græshopper og vild honning.

5: Jerusalem og hele Judæa og hele egnen omkring Jordanfloden kom til ham,

6: og de bekendte deres synder og blev døbt i floden Jordan af ham.

7: Han så mange farisæer og saddukæer, som kom til ham for at blive døbt – til dem sagde han: "Slangeyngel, hvem har lært jer, at I kan flygte fra den kommende vrede?

8: Vis i gerning, tanke og tale, at I har skiftet spor,

9: og tro/tænk ikke, at I kan sige til hinanden; "Vi har Abraham til forfar", for jeg siger jer, at Gud er i stand til at oprejse Abrahams efterkommere af stenene der.

10: Øksen ligger allerede nu ved træets rod. Ethvert træ, der ikke bærer god frugt, fældes og kastes på ilden".

4. søndag efter påske: Joh. 16,5-15

5: (Jesus siger) "Nu går jeg til ham, som har sendt mig og ingen af jer spørger: "Hvor går du hen?

6: På grund af det, jeg har sagt, har sorgen fyldt jeres hjerte.

7: Men jeg siger sandheden: det er bedst for jer, at jeg går bort, for går jeg ikke bort, kan Hjælperen/Parakleten[1] ikke komme til jer, men jeg går og sender ham til jer.

8: Når han kommer, vil han overbevise verden om synd, om retfærdighed og om dom.

9: Om synd: at de ikke tror på mig.

10: Om retfærdighed: at jeg går til Faderen og at I ikke mere ser mig.

11: Om dom: at denne verdens leder er blevet dømt.

12: Jeg har endnu mange ting at sige jer, men det magter I ikke at høre nu.

13: Når sandhedens ånd kommer, vil den lede jer til den fulde sandhed, den vil tale om det, den hører og fortælle jer om kommende ting.

14: Den vil ære mig, for den vil tage af mit og fortælle jer.

15: Alt det, Faderen har, er mit, derfor sagde jeg, at den tager af mit og vil fortælle jer det.

[1] Ordet på græsk er ὁ παράκλητος, *ho paraklætos*, og det er svært at oversætte til ét ord på dansk. I den autoriserede oversættelse bruges ordet talsmanden. Men det passer dårligt, fordi en talsmand på nutidsdansk er en, der af valgt af forsamlingen. Men det er der på ingen måde tale om her, da det snarere er talsmanden, der har valgt forsamlingen. I tysk tradition oversættes ordet ofte med der Tröster, der betyder trøsteren eller trøstermanden, som vi kender det fra en af vore gamle indgangsbønner. I engelsk/

amerikansk tradition oversættes ordet med the advocate eller the helper eller the comforter. På spansk oversættes det tit med el consolador. På fransk: le défenseur, og alle disse betydninger kan ligge i ordet på græsk. I den ældste oversættelse Vulgata (latinsk oversættelse) oversættes ordet slet ikke. Det gøres blot til et latinsk ord: paracletus.

Jeg har valgt at bruge ordet Hjælper, men måske var det bedst blot at gøre som Vulgata, så derfor skrives jeg både Hjælperen og Parakleten i min oversættelse.

5. søndag efter påske: Joh. 16,23b-28

23b: (Jesus siger) " Jeg siger med garanti: Hvis I beder Faderen om noget i mit navn, vil han giver jer det.

24: Indtil nu har I ikke bedt om noget i mit navn. Bed og I skal få, så jeres glæde må blive fuldkommen.

25: Dette har jeg sagt til jer i billedtale, men der kommer en tid, hvor jeg ikke vil tale til jer i billedtale, men åbent og direkte om Faderen.

26: På den dag kan I bede direkte i mit navn og jeg vil ikke gå i forbøn for jer.

27: For Faderen elsker jer, fordi I har elsket mig og har troet, at jeg er kommet fra Gud.

28: Faderen forlod jeg og kom ind i verden og jeg forlader verden og går tilbage til Faderen".

Kristi himmelfarts dag: Mk. 16,14-20

14: Senere viste Jesus sig for de elleve, da de lå til bords og skældte dem huden fuld på grund af deres manglende tro og deres hjerters hårdhed, fordi de ikke troede dem, som havde set ham, som den opstandne[1].

15: Og han sagde til dem: "Overalt i verden, hvor I kommer frem, fortæl det gode budskab til alle.

16: Den, der tror og som er blevet døbt, vil blive frelst, men den, der ikke tror, vil blive dømt.

17: Tegn skal følge de, som tror dette; i mit navn skal de uddrive dæmoner og tale nye sprog,

18: og de skal tage slanger med hænderne, og hvis de har drukket noget dødeligt[2] skader det dem ikke. De skal lægge hænderne på syge og de vil blive raske".

19: Mens Herren Jesus talte til dem, blev han taget op – ind i himlen og satte sig ved Guds højre side.

20: Og de gik ud i alle retninger og fortalte. Herren, samarbejdede med dem, og han bekræftede ordet ved medfølgende tegn.

[1] Ordet, jeg oversætter med "ham, som den opstandne" er, ἐγηγερμένον, *egegermenon*, er perfektum participium passiv af ἐγείρω, *egeiro*, som betyder at blive oprejst. Perfektum participium bruges her for at understrege den permanente situation, at Jesus forbliver opstanden. I prædiketeksten til Påskedag, Mk. 16,1-8 (1. tekstrække) blev ordet brugt i aorist passiv indikativ 3. person ental, for at fastslå et faktum. Hos Paulus i 1. Kor. 15,4 bruges perfektum passiv indikativ 3. person ental, *egegerta*i, ἐγήγερται, for ligeledes at understrege den permanente situation, at Jesus forbliver opstanden.

[2] Ordet dødeligt, θανάσιμόν, *thanasimon*, akkusativ af θανάσιμος, *thanasimos*, findes kun her i NT.

6. søndag efter påske: Joh. 15,26-16,4

26:" Når Hjælperen/Parakleten[1] kommer, som jeg sender jer fra Faderen, Sandhedens Ånd, som udgår fra Faderen, vil den vidne om mig.

27: men også I vidner, for I har været med mig fra begyndelsen.

16,1: Jeg har sagt disse ting, for at I ikke falder fra.

2: I vil blive smidt ud af synagogerne. Helt sikkert, vil den tid komme, hvor den, der slår jer ihjel, synes at gøre Gud en tjeneste,

3: og det vil de gøre, fordi de ikke kender Faderen eller mig;

4: men jeg har fortalt jer det, så når det sker, husker I det, som jeg har sagt. Dette sagde jeg ikke fra begyndelsen, for da var jeg sammen med jer".

[1] Ordet på græsk er ὁ παράκλητος og det er svært at oversætte til ét ord på dansk. I den autoriserede oversættelse bruges ordet talsmanden. Men det passer dårligt, fordi en talsmand på nutidsdansk er en, der af valgt af forsamlingen. Men det er der på ingen måde tale om her, da det snarere er talsmanden, der har valgt forsamlingen. I tysk tradition oversættes ordet med der Tröster, der betyder trøsteren eller trøstermanden, som vi kender det fra en af vore gamle indgangsbønner. I engelsk/ amerikansk tradition oversættes ordet med the advocate eller the helper eller the comforter. På spansk oversættes det tit med el consolador. På fransk: le défenseur, og alle disse betydninger kan ligge i ordet på græsk. I den ældste latinske oversættelse, Vulgata, (den første oversættelse af den græske tekst) oversættes ordet slet ikke. Det gøres blot til et latinsk ord: paracletus. Jeg har valgt at bruge ordet Hjælper, men måske var det bedst blot at gøre som Vulgata, så derfor skriver jeg både Hjælperen og Parakleten i min oversættelse.

Pinsedag: Joh. 14,22-31

22: Judas, ikke Iskariot, spurgte[1]?: "Herre, hvad er der sket, siden du vil afsløre dig selv, som den, du er, for os og ikke for verden".

23: "Den, der elsker mig, vil gøre det, jeg lærer", svarede Jesus, " og min Fader vil elske ham og vi vil bosætte os sammen med ham/vi vil flytte ind i hans kvarter.

24: Den, der ikke elsker mig, gør heller ikke det jeg lærer. Læren, I hører, er ikke min, men Faderens; han som sendte mig.

25: Således har jeg talt, mens jeg er hos jer,

26: men Hjælperen/parakleten[2], Helligånden, som min Fader vil sende i mit navn, den vil undervise jer i alt og få jer til at erindre, det som jeg har sagt.

27: Fred være med jer; min fred giver jeg jer. Jeg giver ikke den fred, verden giver, så lad ikke jeres hjerte være fuldt af bekymringer og vær ikke bange.

28: I har hørt, at jeg har sagt, at jeg går bort, og at jeg kommer til jer. Hvis I elskede mig, ville I være glade over, at jeg går til Faderen, for Faderen er større end jeg.

29: nu har jeg sagt jer det, før end det sker, for at I, når det sker, vil tro.

30: Jeg vil ikke tale meget mere med jer, for verdens leder kommer. Han har ikke noget på mig.

31: men jeg vil, at verden skal vide, at jeg elsker Faderen og gør præcis det, som han har befalet mig.

Lad os rejse os og går herfra".

[1] Dette er den er den fjerde afbrydelse af Jesus´ talerække, først er det Peter (13,36), så Thomas (14,5), dernæst Philip (14,8) og til sidst Judas her i 14,22.

[2] Ordet på græsk er ὁ παράκλητος og det er svært at oversætte til ét ord på dansk. I den autoriserede oversættelse bruges ordet talsmanden. Men det passer dårligt, fordi en talsmand på nutidsdansk er en, der af valgt af forsamlingen. Men det er der på ingen måde tale om her, da det snarere er talsmanden, der har valgt forsamlingen. I tysk tradition oversættes ordet med der Tröster, der betyder trøsteren eller trøstermanden, som vi kender det fra en af vore indgangsbønner. I engelsk/ amerikansk tradition oversættes ordet med the advocate eller the helper eller the comforter. På spansk oversættes det med el consolador. På fransk: le défenseur, og alle disse betydninger kan ligge i ordet på græsk. I den ældste latinske oversættelse, Vulgata, oversættes ordet slet ikke. Det gøres blot til et latinsk ord: paracletus. Jeg har valgt at bruge ordet Hjælper, men måske var det bedst blot at gøre som Vulgata, så derfor skriver jeg både Hjælperen og Parakleten i min oversættelse.

Anden pinsedag: Joh. 3,16-21

16: På denne måde elskede Gud verden: han gav sin eneste søn, for at enhver, som tror på ham, ikke skal gå fortabt, men have evigt liv.

17: For Gud sendte Sønnen til verden, ikke for at dømme verden, men for at frelse verden.

18: Enhver, der tror på ham, bliver ikke dømt, men den, der ikke tror, er allerede dømt, fordi han ikke har troet[1] på Guds eneste søn.

19: Dommen er: Lyset kom til verden og menneskerne elskede mørket mere end lyset, for deres handlinger var dårlige og lyssky.

20: Den, som gør det, der er forkert, hader lyset og kommer ikke til lyset, for at vedkommendes handlinger ikke skal blive afsløret.

21: Men den, der gør sandheden, kommer til lyset, for at det må blive indlysende, at handlingerne er gjort i Gud.

[1]πεπίστευκεν, *pepisteuken,* er perfektum indikativ aktiv af πιστεύω, *pisteuo.* Perfektum indikativ understreger, at der er tale om en permanent attitude af ikke-tro.

Trinitatis søndag: Joh. 3,1-15

1: Der var blandt farisæerne en mand ved navn Nikodemus[1], en af jødernes ledere.

2: Han kom til Jesus om natten og sagde: " Rabbi, vi ved, at du er en lærer, kommet fra Gud, for ingen kan blive ved med at gøre[2] de mægtige tegn, du gør, hvis ikke Gud er med ham.

3: Jesus svarede: " Jeg kan garantere dig, at ingen kan se Guds rige, hvis ikke han er født *fra oven* [ἄνωθεν, *anothen,* kan også betyde *på ny* eller *igen.* Nikodemus forstår det som *igen.* Jesus forstår det som *fra oven* se

Joh 3,31, 19,11 og 19,23. Denne tvetydighed kan næppe oversættes til dansk]

4: Nikodemus spurgte: "Hvordan kan et gammelt menneske blive født. Det kan da ikke komme ind i sin mors liv for anden gang og så blive født?

5: "Jeg kan garantere dig", svarede Jesus, "ingen kan komme ind i Guds rige uden at blive født af vand og ånd.

6: Den, der er født af kød (og blod) er kød (og blod), men den, der er født af ånd, er åndelig.

7: Vær ikke forbavset/overrasket over, at jeg siger til dig, at I alle må fødes fra oven.

8: Vinden[3] blæser, hvorhen den vil. Du hører dens susen [lyd], men ved ikke, hvorfra den kommer og hvorhen den skal. Sådan er det også med enhver, der er født af ånden.

9: "Hvordan kan det ske?", spurgte Nikodemus.

10: "Du er lærer i Israel", fortsatte Jesus, "og forstår ikke det?

11: Jeg kan garantere dig, at vi ved, hvad vi taler om, og det vi har vi set, vidner vi om, men I tager ikke imod vort vidneudsagn.

12: Hvis ikke I tror på mig, når jeg taler om de jordiske ting, hvordan vil I så tro mig, når jeg taler om de himmelske ting.

13: Ingen er steget til himmels undtagen den, som steg ned fra himlen, menneskesønnen.

14: Og som Moses ophøjede slangen i ørkenen, således er det nødvendigt, at menneskesønnen ophøjes,

15: for at enhver som tror på ham, skal have evigt liv".

[1] Nikodemos er et græsk navn. Vi er vant til at bruge navnet i den latinske udgave.

[2] Ordet, der er oversat med ordene: *kan blive ved med at gøre*, er egentlig præsens, aktiv, infinitiv = at gøre, ποιεῖν, *poiein*. Denne form bruges her for at udtrykke noget fortsat, noget lineært.

[3] Ordet, der oversættes med vinden, er det samme om oversættes med ånd, τὸ πνεῦμα, *to pneuma*.

1. søndag efter trinitatis: Luk. 16,19-31

19: (Jesus sagde:) "Der var en mand, som klædte sig i lilla[1] og fint linned og som levede hver dag i sus og dus.

20: Ved hans port lå en fattig[2] mand ved navn Lazarus[3], han havde sår overalt/han var dækket af sår.

21: og han ønskede kun at fylde sig med det, som faldt ned fra den riges bord, og hundene kom og slikkede hans sår.

22: Da skete det, at den fattige døde og blev af englene bragt til Abrahams skød. Også den rige døde og blev begravet.

23: Da han åbnede øjnene i dødsriget, og var i svære pinsler, fik han øje på Abraham med Lazarus på skødet.

24: og han kaldte: "Fader Abraham, hav medlidenhed med mig og send Lazarus, så han kan dyppe sin fingerspids i vand og køle min tunge, for jeg lider i denne ild".

25: Abraham svarede: "Mit barn. Husk at du havde alle de gode ting i dit liv og Lazarus ligeledes de dårlige,

26: desuden er der etableret en mega kløft mellem os og jer, at ingen, selvom de ville, kan komme over fra os til jer eller fra jer til os."

27: "Jeg bønfalder dig, Fader, send ham/Lazarus til min faders hus,

28: for jeg har fem brødre, så han kan advare dem mod at komme til dette pinslernes sted".

29: "De har Moses og profeterne. Lad dem høre dem", svarede Abraham.

30: "Nej Fader Abraham", svarede han, " men hvis en fra de døde kom til dem, ville de ændre deres liv."

31: Abraham svarede: "Hører de ikke Moses og profeterne, så vil de heller ikke blive overtalt af en, som var stået op fra de døde."

[1] Lilla, πορφύραν, *porphuran*, er her en meget fornem klædedragt benævnt ved farven lilla, kongelig lilla. Den lilla farve kommer fra en speciel muslingart og derfor var overklæder farvet med denne farve forbeholdt de allerrigeste og de kongelige.

[2] Ordet fattig er πτωχὸς, *ptochos*, betyder egentlig tigger og dernæst fattig.

[3] Lazarus kommer af *Eleazaros,* der betyder *Gud en hjælp.*

2. søndag efter trinitatis: Luk. 14,16-24

16: Jesus sagde: "En mand forberedte en mega/mægtig banket og inviterede mange.

17: Da det var tid for banketten, sendte han sin slave for at sige: " Kom, for nu er alt klart."

18: Men de begyndte alle, en efter en, at komme med undskyldninger[1]. Den første sagde: "Jeg har købt en mark, og det er nødvendigt[2], at jeg går ud og ser på den".

19: En anden sagde: "Jeg har købt fem par okser og vil gå ud og teste dem[3]".

20: En anden sagde: "Jeg har giftet mig og derfor kan jeg ikke komme[4].

21: Slaven vendte tilbage og rapporterede alt dette til sin herre. Da blev husets herre vred og sagde til sin slave: "Løb hurtig ud på byens gader og stræder og bring de fattige/tiggerne, de handicappede, de blinde og de lamme her ind".

22: Slaven sagde: "Herre, det, du har befalet, er sket, men der er endnu plads".

23: Herren sagde da til slaven: "Løb ud på landevejene og stierne og få dem til at komme [næsten med tvang], så mit hus kan blive fyldt".

24: For jeg siger jer: "Ingen af de, der var inviterede, skal tage del i min banket".

---

[1] H.B. Tristram skriver i sin bog: *Eastern Customs in Bible Lands (2004, Kessinger Plublishing Co):"To refuse the second summons would be an insult, which is equivalent among the Arab tribes to a declaration of war."*

[2] Ordret står der: *jeg har en nødvendighed, ἔχω ἀνάγκην, echo anagke.* Det er en underlig nødvendighed. Marken er der jo også efter banketten.

[3] Er de blevet købt uden at blive testet?

[4] I flg. 5 Mos 24,5 er en mand fritaget i et år for krigstjeneste og andre forpligtigelser. Men gælder denne fritagelse også sociale relationer?

3. søndag efter trinitatis: Luk. 15,1-10

1: Alle skatteopkrævere og, de, der har forfejlet deres liv[1], holdt sig nær til (Jesus) for at høre ham.

2: Men farisæerne og eksperterne i moseloven knurrede: "Han tager imod dem, der har forfejlet deres liv og spiser sammen med dem.

3: Og han fortalte dem følgende fortælling:

4: "Hvem af jer, som har 100 får og som mister et af dem, forlader ikke de 99 i vildnisset[2], og går ud efter det, der er blevet væk, indtil han finder det.

5: Når han finder det, tager han det med glæde på sine skuldre,

6: og går hjem og sammenkalder sine venner og naboer med ordene: "Lad os feste, for jeg har fundet det får, som var blevet væk.

7: Jeg siger jer: "Der bliver større glæde i himlen over en, der har forfejlet sit liv, som ændrer det, end over 99, som ikke har brug for en ændring".

8: Eller hvis en kvinde har 10 sølvmønter[3] og mister en sølvmønt, tænder hun så ikke en lampe, og fejrer huset og leder omhyggeligt indtil hun finder den.

9: Og når hun finder den, sammenkalder hun alle sine venner og naboer: Lad os feste, for jeg har fundet den sølvmønt, som jeg havde mistet.

10: Således, siger jeg, bliver der glæde hos Guds engle over en, der har forfejlet sit liv, og som ændrer det".

---

[1] Ordene, οἱ ἁμαρτωλοὶ, *hoi hamartoloi,* som traditionelt oversættes med synderne foretrækker jeg at oversætte med de, der har forfejlet deres liv, idet ordet snarere betyder: De, der har ramt ved siden af i forhold til det, man burde i omgivelsernes øje, end vor nutidige brug af ordet synder.

[2] Vildnisset, τῇ ἐρήμῳ, *tei eremoi,* er det sted, hvor fårene altid får deres føde.

[3] Sølvmønter er δραχμὰς, *drachmas,* en drakme, en møntenhed, der svarer nogenlunde til en denar. Ordet bruges kun her i hele NT.

4. søndag efter trinitatis: Luk. 6,36-42

36: (Jesus sagde): "Vær barmhjertig, som jeres Fader er barmhjertig.

37: og døm ikke, og I vil ikke blive dømt. Fordøm ikke og I vil ikke blive fordømt. Tilgiv og I vil blive tilgivet.

38: Giv og I skal blive givet. Et godt mål, presset sammen og rystet og med top, giver man i jeres skød, for som I måler, bliver I selv målt.

39: Og han citerede et ordsprog: "Kan en blind guide en blind, vil de ikke begge falde i en grøft? ".

40: En elev står ikke over sin lærer, men færdiguddannet er han som sin lærer/en lærling står ikke over sin mester, men udlært er han som sin mester/en praktikant står ikke over sin mentor, men udlært er han som sin mentor.

41: Hvorfor ser du en smule savsmuld i din broders øje, men bjælken i dit eget øje kan du ikke få øje på.

42: Hvordan kan du sige til din broder: "Broder, lad mig tage den smule savsmuld ud af dit øje, når du ikke ser bjælken i dit eget øje. Hykler, tag først bjælken ud af dit eget øje, så du kan se med vidåbne øjne og tage den smule savsmuld ud af din broders øje".

5. søndag efter trinitatis, 1. tekstrække: Luk. 5,1-11

1: En dag, da Jesus stod ved bredden af Genezareth sø og folkemængden maste sig ind på ham for at høre Guds ord,

2: så han to både på søbredden, som fiskerne havde forladt for at vaske fiskegarnene,

3: og (han) gik ombord på en af bådene, den, der tilhørte Simon, og han bad ham om at lægge lidt fra land og satte sig væk fra folkemængden.

4: Da han var færdig med at holde tale, sagde han til Simon: Sejl[1] ud på det dybe og sæt[1] garnene ud til fangst.

5: Lærer[2], svarede Simon, hele natten har vi knoklet og intet fanget, men hvis du siger det, så vil jeg sætte garnene ud.

6: Da de havde gjort det, fangede de en stor mængde fisk og deres garn var ved at briste.

7: Så signalerede de til deres partnere i den anden båd, at de skulle komme dem til hjælp. De kom og fyldte begge både helt op, så de var ved at synke/at tage vand ind.

8: Da Simon Peter, så det, faldt han ned for Jesu knæ og sagde: "Herre, gå væk, jeg er en mand, der har forfejlet mit liv".

9: For Simon og alle, der var sammen med ham, var rundt på gulvet (af forundring/forbavselse) på grund af den store mængde fisk, de havde fanget.

10: Jakob og Johannes, Zebedæus´ sønner, Simons partnere, var også rundt på gulvet. Jesus sagde til Simon: "Vær ikke bange, fra nu af skal du fange mennesker".

11: De sejlede bådene ind til bredden og forlod alt og fulgte ham.

[1]Ordet her er ἐπανάγαγε, *epanagage* som er oversat med sejl ud er aorist imperativ i anden person entals, henvendt til Simon, mens ordet oversat med sæt ud, χαλάσατε, *chalasate* er aorist imperativ i anden person flertal henvendt til Simon og resten af besætningen.

[2] ἐπιστάτα, *epistata*, forekommer i NT kun i vocativ og bruges kun af Lukas og altid som tiltale til Jesus. I 8:24, 45; 9:33, 49; er det eleverne/ lærlingene/ praktikanterne, der tiltaler Jesus. Kun i 17:13 er de ti spedalske. Af den grund oversætter jeg det med *lærer*. Ordet betyder uden for NT. en, der står over andre på den ene eller anden måde.

6. søndag efter trinitatis: Matt. 5,20-26

20: Jesus sagde: " Hvis ikke jeres retfærdighed[1] overstiger eksperterne i Moseloven og farisæernes (retfærdighed[1]), så kommer I slet ikke ind i himmeriget.

21: I har hørt, at det er sagt til forfædrene: Du må ikke begå mord, og den, som begår mord, skal stå til regnskab overfor domstolen.

22: men jeg kan garantere jer, at den, som er vred på sin broder, skal stå til ansvar overfor domstolen, og den, der kalder sin broder: Stupid[2], skal stå til ansvar overfor det højeste råd, og den som siger: Skurk[3], er i fare for Gehennas ild[4].

23: Hvis du bringer din offergave til alteret og dér kommer i tanke om, at en broder har et udestående med dig,

24: så lad din offergave blive ved alteret og gå straks hen og bliv forsonet med ham, og kom så og giv din offergave.

25: Bliv hurtig enig med din modpart, mens du er på vejen med ham, for at modparten ikke skal overgive dig til domstolen og domstolen til retsbetjenten, som vil kaste dig i fængsel.

26: Jeg kan garantere dig: "Du kommer ikke ud derfra, før end du har betalt den sidste øre".

[1] δικαιοσύνη , *dikaiosunes,* er nominativ, feminin, ental og ordet er i den græske tekst kun første gang. Anden gang er det underforstået. Jeg oversætter det med retfærdighed forstået på følgende måde: Ordet betegner konformitet med en højre autoritets krav og er modsætning til ἀνομία, *anomía,* lovløshed. Her er der tale om Guds krav til mennesket, og for at blive konform med disse krav må mennesket modtage Gud, som han tilbyder sig selv og retfærdigheden som gave (Rom 5,17). Anerkendelse og accept af Guds krav, realiseres gennem troen og står derfor i modsætning til den retfærdighed, som kommer fra loven og som er menneskets accept af lovens krav. Mennesket bliver **kun i Kristus** alt det, som Gud kræver, at et menneske skal være – al det et menneske ikke kan blive af sig selv. Retfærdighed er en tilregnet retfærdighed. Derfor er følgende på spil i vers 20: Eksperterne fortolkede og udlagde loven, farisæerne omsatte loven og dens krav til det almindelige liv, men deres retfærdighed – deres konformitet og deres forhold til Gud – er ikke nok for Guds krav går ud over, bagom og rundt om og overstiger det loven kræver, og derfor skal tilhørernes retfærdighed være, som en flod, der går over sine bredder og fylder meget mere end selve floden: overstige og oversvømme eksperternes og farisæernes retfærdighed. De følgende vers er eksempler på denne oversvømmelse.

[2] ῥακά, *raka,* betyder sandsynligvis uden noget i hoved, dvs. en person som pga. dumhed ikke duer til noget. På gammelt dansk var det en døgenigt, på nutids dansk kunne det være "syg i roen" eller "hjernedød" eller lignende skældsord. Raka er med andre ord et stærkt fornærmende øgenavn. Jeg har valgt stupid, fordi raka er et skældsord, der går på en persons intellekt.

[3] μωρέ, *more,* adjektiv i vokativ, maskulinum, ental, af μωρός, *moros.* Jeg oversætter med *skurk,* fordi det er et skældsord, der gå på en persons karakter og moral. Det engelske ord *moran* kommer fra dette græske ord.

[4] τὴν γέενναν τοῦ πυρός, *ten geennan tou pyros,* oversættes traditionelt med helvedes ild. Men der står nu Gehennas ild, og det er den ild, der altid brænder i Hinnomdalen, der hvor nogle jøder ofrede deres børn til Molok (2. Kong 23,10 og 3 Mos 18,21). Gehenna er ikke det samme som Hades, dødsriget, hvor alle afdøde er, uden at der skelnes til deres individuelle moralske konditioner. I Luk

16,23ff er både det pinefulde sted og Abrahams skød (Himlen?) adskilt af en kløft, men dog i begge i Hades, dødsriget. Derfor oversætter jeg blot det som står: Gehennas ild.

7. søndag efter trinitatis: Luk 19,1-10

1: Da Jesus kom til Jeriko, gik han gennem byen.

2: En mand, som hed Zakæus, var dér. Han var toldernes chef[1], og han var rig.

3: Han ønskede at se, hvem Jesus var, men han kunne ikke (se) for mængden af folk, fordi han var lille,

4: så han løb i forvejen og klatrede op i et morbærfigentræ for at kunne se Jesus, fordi han måtte komme den vej.

5: Da Jesus kom til stedet, så han op og sagde: "Zakæus, skynd dig at klatre ned, for i dag[2] må jeg[3] være gæst i dit hjem".

6: Zakæus skyndte sig ned og bød ham velkommen[4] med glæde.

7: Alle, der så dette, gav sig til at brokke sig og sagde: "Han gik ind for at være gæst hos en mand, der har forfejlet sit liv".

8: Zakæus stod op[5] og sagde til Herren: "Se halvdelen af alt, jeg ejer, Herre, giver jeg[6] til de fattige og hvis jeg har snydt en eller anden, giver jeg[6] det, fire gange tilbage".

9: Da sagde Jesus: "I dag[2] er frelsen kommet til dette hus, for du er også Abrahams efterkommer".

[1] ἀρχιτελώνης, architelones, findes kun her i samtidige græske tekster. Ordet må betyde toldernes chef. Det kan forstås på mindst tre måder. For det første: han er chef for en gruppe af partnere, der har kontrakt på driften af toldopkrævningen i området. For det andet: Han har alene kontrakten. For det tredje: han er ansat til at lede toldopkrævningen i Jeriko af en eller flere.

[2] σήμερον, semeron, betyder i dag. Det er et vigtigt ord hos Lukas. Det forekommer 7 vigtige steder. Det første "i dag" tyder hans fødsel (Luk 2,11). Det andet, læser jeg med de vestlige håndskrifter i Luk 3,22, hvor det i Jesus dåb siges: "Du er min søn, i dag har jeg født dig", υιος μου ει συ, εγω σημερον γεγεννηκα σε. Med disse ord fastslås det, at Jesus er Guds søn. Det tredje er i synagogen i Nazareth,

hvor Jesus siger: "I dag er det skriftord gået i opfyldelse". (Luk 4,21) Her afsløres Jesu gerning, så at sige. Det 5. og 6. "i dag" findes i denne prædiketekst: I dag må jeg være gæst i dit hjem (v 5) og "I dag er frelsen kommet til dette hus". Frelsen kommer af og med Jesu anerkendelse. Det syvende og sidste "i dag" lyder på korset, hvor Jesus siger til den ene røver: "i dag skal du være med mig i paradis". Når vi hører disse ord i dag, så bliver vi på en måde samtidig med Lukas´ fortælling, eller som Grundtvig siger: "Sig vi går til paradis" i sidste vers af Hil dig frelser og forsoner.

[3]δεῖ με, *dei me*, betyder det er nødvendigt - dvs. med guddommelig nødvendighed at Jesus gør som han gør. Jeg har valgt at oversætter ordene med i dag *må jeg* være gæst i dit hjem, for at understrege nødvendigheden.

[4]ὑπεδέξατο, *hupedexato*, bød velkommen. Denne glose bruges også i Luk 10,38, hvor Martha byder Jesus velkommen.

[5]σταθεὶς, *statheis*, stod op, fordi man lå til bords.

[6]δίδωμι og ἀποδίδωμι, *didomi og apodidomi*, begge ord er præsens indikativ 3. person ental og betyder henholdsvis: jeg giver og jeg giver tilbage. Dette åbner mulighed for at forstå det som noget Zakæus vil gøre eller som noget han allerede gør.

8. søndag efter trinitatis: Matt. 7,15-21

15: Vær på vagt overfor pseudoprofeter. De kommer til jer i fåreklæder, men i deres indre er de grådige/blodige ulve.

16: På deres frugter kan I kende[1] dem. Folk plukker ikke druer af tornebuske eller figner af tidsler, eller gør de?

17: På samme måde bærer ethvert godt træ gode frugter, mens et råddent træ bærer dårlige frugter.

18: Et godt træ kan ikke bære dårlige frugter, ej heller kan et råddent træ bære gode frugter.

19: Ethvert træ, som ikke bærer gode frugter fældes[2] og brændes[2].

20: Altså på deres frugter vil i kende[1] dem.

21: Ikke enhver, som siger til mig: Herre, Herre, vil komme ind i Himmeriget, men kun den, der gør min himmelske Faders vilje[3]".

¹ ἐπιγνώσεσθε, *epignoseste,* er 3. person flertal futurum af ἐπιγινώσκω, *epiginosko.* Epi foran ginosko betyder at, de er i stand til at kende dem fuldt ud. Der bruges futurum her for at understrege, at de kan kende dem, både nu og i tiden fremover.

² Ordret står der ἐκκόπτεται καὶ εἰς πῦρ βάλλεται, som betyder *fældes og kastes på ild,* har jeg valgt at oversætte med fældes og brændes, som forekommer at være mere mundret.

³ Jesus præsenterer her sig selv som den endelige høsts Herre eller som den eskatologiske dommer ved tidens ende. Passwordet til Himmeriget er med andre ord ikke "Herre, Herre", der skal mere til, får vi at vide: gøre min himmelske faders vilje, som Jesus lærte os at bede: ske din vilje i Matt. 6, 10.

9. søndag efter trinitatis: Luk 16,1-9

1: Jesus sagde også til sine elever/lærlinge/praktikanter: "Der var en rig mand, som havde en forvalter af sine økonomiske midler - en forvalter, som overfor ham blev anklaget, for at sløse¹ med hans midler.

2: Så han tilkaldte forvalteren: "Hvad er det, jeg hører om dig? Aflæg regnskab for din forvaltning, for du kan ikke længere forvalte mine økonomiske midler".

3: Da sagde forvalteren til sig selv: "Hvad skal jeg gøre², for min chef tager forvalterstillingen fra mig? Grave er jeg ikke i stand til og jeg skammer mig ved at tigge.

4: Jeg ved nu, hvad jeg skal gøre, så at de vil modtage mig i deres huse, når jeg bliver fjernet fra forvalterstillingen".

5: Derfor sammenkaldte han, en efter en, dem, der havde gæld til hans chef og sagde til den første: "Hvor meget skylder du min chef?"

6: Han svarede: "100 bath [en bath svarer til et sted mellem 36 og 40 l] olivenolie. Tag din låneaftale og sæt dig hurtigt ned og skriv 50.

7: Derefter spurgte han den næste: "Hvad skylder du"? "100 cor [rummål til tørstof, ca. 36,5 l, i alt 365 l] hvede". "Tag din låneaftale, sagde forvalteren, og skriv 80".

8: Herren[3] roste den uærlige forvalter, fordi han handlede klogt. Denne verdens børn er klogere i omgang med deres egen generation ned lystes børn.

9: Og Jesus fortsatte: "Jeg siger jer: Skaf jer venner med den uærlige rigdom, så de, når den slipper op, modtager jer i de evige boliger.

[1]Ordet, der bruges her, διασκορπίζων, *diaskorpizon* , (præsens participium nominativ ental af διασκορπίζω, *diaskorpizo,* er det samme som bruges i den forrige fortælling, hvor den yngre søn ligeledes sløser sin faders rigdom væk(Luk 15,13).

[2]"Hvad skal jeg gøre?" er et typisk spørgsmål hos Lukas se 3,10, 12 og 14. Den sidste person, som stillede sig selv dette spørgsmål (12,17) og som svarede ved at gemme sin enorme høst til sig selv, blev af Gud kaldt: Fjols, mens forvalteren bliver rost af Herren fordi han handlede klogt (vers 8) ved at gavne andre her og nu og senere sig selv.

[3]Herren, ὁ κύριος, *ho kyrios.* Hvem er denne herre? Er det forvalterens herre, der har fyret ham, der roser eller er det Herren med stort, altså Jesus, der roser ham. I versene 3 og 5 er *kyrios* bestemt af min og hans og derfor oversat med chef, men her er ordet: Herren i bestemt form uden nogen anden tilføjelse og det er hos Lukas altid sådan, når han taler om Herren som Jesus. Jesus roser forvalteren, og bruger ham som eksempel på den omfordeling af rigdom, som er en underliggende tråd i "rejsefortællingen" hos Lukas.

10. søndag efter trinitatis, 1. tekstrække: Luk 19,41-48

41: Da (Jesus) kom nærmere og så byen, græd han højlydt over den.

42: og sagde: "Hvis også du blot vidste hvad, der vil bringe fred, men nu er det skjult og du kan ikke se det [egentlig står der: er skjult for dine øjne].

43: Der vil komme dage, hvor dine fjender vil bygge en angrebsvold om dig, omringe dig og trænge ind på dig fra alle sider.

44: og de vil slå dig og alle dine indbyggere [egentlig står der: dine børn i dig] til jorden, og de vil ikke lade sten på sten i dine bygninger, fordi du ikke kendte din besøgelsestid.

45: Han (Jesus) gik ind i templet og begyndte at drive de, der handlede, ud.

46: mens han sagde til dem: "Det står skrevet: Mit hus er et bønnens hus, men I har omdannet det til en røverhule".

47: Hver dag underviste han i templet, men ypperstepræsterne og eksperterne i moseloven søgte at tilintetgøre ham, sammen med folkets førstemænd,

48: men de kunne ikke finde en måde at gøre det på, fordi folket hang ivrigt om han for at lytte.

11. søndag efter trinitatis: Luk 18,9-14

9: Til nogle, der troede, at de selv var retfærdige[1] og regnede alle andre for ingenting, fortalte Jesus denne fortælling:

10: "To gik op til templet for at bede. Den ene var en farisæer og den anden skatteopkræver.

11: Farisæeren stod forrest og bad for sig selv: "Gud, jeg takker dig[2,] at jeg ikke er ligesom alle andre mennesker[3], en tyv, en svindler, en horekarl [ægteskabsbryder] og ej heller som denne skatteopkræver.

12: jeg faster to gange om ugen [sandsynligvis mandag og torsdag] og jeg giver tiende af alt, jeg ejer".

13: Skatteopkræveren derimod stod på afstand og ville end ikke løfte øjnene mod himlen, mens han slog sig for brystet og sagde: "Gud, vær mig, der har forfejlet mit liv, nådig"[4].

14: Jeg siger jer[5]: "Det er ham snarere end den anden, der gik retfærdiggjort hjem[6], for enhver, der gør sig stor skal blive lille og den, der er lille sig skal blive stor".

[1]Ordet δίκαιοι, dikaioi, retfærdige. Retfærdig betyder her, den rigtige relation til Gud.

[2] Takken drejer sig om egne dyder, ikke om Guds nåde og barmhjertighed.

[3] Ikke som alle andre: Han er i en klasse for sig selv: jøde – ikke hedning, farisæer – ikke am-haaretz, et almindeligt menneske, mand – ikke kvinde. Helt igennem ikke som alle andre eller ordret *"ikke som resten af menneskene"*.

[4] På græsk bruges 5 ord til at beskrive farisæerens holdning og hele 29 ord til at beskrive hans bøn. Der bruges 19 ord til at beskrive skatteopkræverens holdning, men kun 6 til hans bøn.

[5] Jesus udtaler sig her på Guds vegne.

[6] Retfærdiggjort betyder ikke kun tilgivet, det betegner også en ny relation til Gud pga. den retfærdighed som er blevet givet af nåde. Rom 5,17 og Fil 3,9.

12. søndag efter trinitatis: Mark 7,31-37

31: Jesus forlod Tyrus-regionen og kom via Sidonregionen til Galilæas sø gennem Dekapolis-regionen[1].

32: og de bringer ham en døv, som også havde meget svært ved at tale[2] og beder ham lægge hænder på ham.

33: Da Jesus fik ham væk fra skaren, for at de kunne være alene, stak han fingrene i hans øre og (kom) spyt på hans tunge,

34: så op mod himlen, og sukkede og sagde til ham: "Effata". Det betyder: Bliv åbned.

35: Og straks åbnede hans øre sig og hans tunges fængselskæde løsnede sig og han talte fejlfrit [korrekt eller rent].

36: Da forbød Jesus dem at sige noget til nogen, men jo mere han forbød dem, desto mere offentliggjorde de det.

37: De var overvældede og forundrede og sagde: "Alt har han gjort godt. De døve får han til at høre og de stumme til at tale[3]".

[1]Regionerne omkring Tyrus, Sidon og Dekapolis er såkaldt hedningeland og for det to første regioner er det også i Libanon. Dekapolis er ti græske byer.

[2]μογιλάλον, *mogilalon*, en, der har svært ved tale, en med talefejl eller en meget svært stammende person. Ordet findes kun her hos Markus og så i LXX Esajas 35,6. Esajas 35 er en profeti om

genoprettelse og frelse, som i Grundtvigs gendigtning bliver til salmen: Blomstre som en rosengård. I denne salme bliver ordet μογιλάλον, *mogilalon* til stammer, som for målløs gjalt løfter klart sin stemme. LXX Esajas 35,6 kan oversættes: de, der har meget svært ved at tale, skal synge.

[3]"omkvædet" som Markus her slutter med, skal få os til sammen med det, der er omtalt i note 1 og note 2 til at erindre Esajas 35 og fortælle os, at opfyldelsen af denne profeti sker nu.

13. søndag efter trinitatis: Luk 10,23-37

23: Jesus vendte sig mod sine elever/lærlinge/praktikanter og talte privat til dem: "Velsignede er jeres øjne, som ser det, I har set.

24: Jeg kan garantere jer, at mange profeter og konger ønskede at se og høre, det I har set og hørt, men de gjorde det ikke".

25: Da stod en ekspert i moseloven op for at teste Jesus: "Lærer, hvad skal jeg gøre for at arve evigt liv", spurgte han.

26: Jesus svarede: "Hvad står der skrevet i moseloven, (og) hvordan læser du det?".

27: "Du skal elske Herren, din Gud af hele dit hjerte, med hele dit liv, med hele din styrke og med hele dit sind og din næste, som dig selv", svarede han.

28: "Du svarede rigtigt. Gør det og du skal leve", sagde Jesus.

29: Men han ville retfærdiggøre sig selv: "Hvem er min næste?"

30: "En mand", svarede Jesus, "Gik ned fra Jerusalem mod Jeriko og blev overfaldet af røvere, som tog hans klæder, slog ham, og lod ham ligge halvdød.

31: Ved et tilfælde gik en tempelpræst ned ad samme vej, så ham og gik forbi i den modsatte side af vejen.

32: På samme måde kom en tempeltjener til stedet, så ham og gik forbi i den modsatte side af vejen.

33: Men en samaritaner, som var på rejse, kom forbi ham, så ham og fik medlidenhed med ham.

34: Han gik hen til ham og forbandt hans sår, efter han havde renset dem med olie og vin, og han løftede ham op på sit eget ridedyr og førte ham til en kro og tog sig af ham.

35: Næste dag tog han to denarer og gav dem til kroværten: "Tag dig af ham, og hvis du bruger mere end det, så vil jeg betale dig på min hjemrejse".

36: "Hvem af disse tre, tænker du, blev næste for ham, der blev overfaldet af røverne?"

37: Han svarede: "Den, som var venlig imod ham". Jesus sagde da: " Gå du og handel på samme måde".

14. søndag efter trinitatis: Luk 17,11-19.

11: Da Jesus vandrede mod Jerusalem, kom han gennem området mellem Galilæa og Samaria,

12: og da han gik ind i en landsby, mødte 10 voksne, spedalske, ham, og de stod stille på afstand,

13: og råbte:" Jesus, mester, forbarm dig over os".

14: Jesus så dem og sagde: " Gå hen og vis jer for tempelpræsterne". Og det skete, mens de var på vej, at de blev raske.

15: Da en af dem så, at han var blevet helbredt, vendte han tilbage og priste Gud med høj røst.

16: Han knælede ned med ansigtet mod Jesu fødder og takkede ham. Han var en samaritaner.

17: Jesus svarede: "Var der ikke ti, der blev raske, hvor er de ni?"

18: "Er det kun denne fremmede, der er vendt tilbage for at takke Gud?"

19: "Rejs dig og gå hjem. Din tro har hjulpet dig".

15. søndag efter trinitatis: Matt 6,24-34.

24:"Ingen kan tjene to herrer. Han vil enten hade den ene og elske den anden eller han vil holde sig til den ene og se ned på den anden. Ingen kan tjene Gud og mammon.

25: Derfor siger jeg: Lad vær med at bekymre jer om, hvad I skal spise eller drikke og hvad I skal have på af tøj. Er livet ikke større end det og kroppen mere end tøjet/klunset".

26: "Se nøje på fuglene. De planter ikke, høster ikke og samler ikke i lade og jeres Himmelske Far fodrer dem"

27:"Hvem af jer kan ved at bekymre sig, lægge en eneste time til sit liv".

28: "Hvorfor bekymre sig om tøj? Læg mærke til, hvordan markens liljer gror uden at arbejde og spinde".

29:"Men jeg siger jer: End ikke Salomon i al sin pragt var klædt som en af dem".

30: "Når Gud sådan klæder markens hø, som står i dag og i morgen kastes i ovnen, hvor meget mere (vil han) så ikke (tage sig af) jer, med så lille en tro".

31: "Lad være med at bekymre jer og spørge: Hvad skal vi spise, eller hvad skal vi drikke eller hvad skal vi have på?"

32: "For det bekymrer alle folk[1] sig om, og jeres Himmelske Far ved, at I har brug for alt det".

33:"Søg først Guds rige og hans retfærdighed[2] og alt det andet vil blive givet jer".

34: "Bekymrer jer ikke om i morgen. For i morgen vil bekymre sig om sig selv. Hver dag har problemer nok i sig selv".

[1]τὰ ἔθνη, ta ethnæ, oversætter jeg her ikke med den traditionelle oversættelse: hedningerne i betydningen ikke-jøder, men vælger at bruge en af ordets andre oversættelsesmuligheder: nemlig folk.

[2] Vedr. ordet retfærdighed: se forordets redegørelse siderne 4 og 5.

16. søndag efter trinitatis: Luk 7,11-17.

11: Og det skete derefter, at Jesus gik til en by kaldet Nain og sammen med ham gik hans elever/lærlinge/praktikanter og en stor folkeskare.

12: Da han nærmede sig byens port, blev der båret en død ud, en mors eneste søn og hun var enke. Et anseligt følge fra byen var samme med hende.

13: Herren så hende og fik medlidenhed med hende og sagde til hende: "Græd ikke".

14: Han gik hen til båren og rørte ved den, og de, der bar den, stod stille. Da sagde han: "Uge mand, jeg siger dig, stå op".

15: Den døde satte sig op og begyndte at tale, og Jesus gav ham til hans mor.

16: Alle blev grebet at frygt/ærefrygt og gav sig til at lovprise Gud med ordene: "En stor profet er trådt frem, iblandt os" og "Gud har besøgt sit folk".

17: Denne nyhed om Jesus kom ud i hele Judæa og i de omkringliggende egne.

17. søndag efter trinitatis: Luk 14,1-11.

1: På en sabbat gik Jesus ind hos en ledende farisæer for at deltage i et måltid, og de andre holdt nøje øje med ham.

2: Og pludselig stod, der en mand med sygeligt meget vand i kroppen [ødemer på arme og ben] foran ham.

3: Som reaktion spurgte Jesus eksperterne i moseloven og farisæerne: "Er det rigtigt at behandle på en sabbat eller ej".

4: Men de sagde intet. Så tog Jesus ham og helbredte ham og lod ham gå.

5: Og han sagde til dem: "Hvem af jer ville ikke straks trække en søn eller en okse op, hvis de faldt i en brønd, på en sabbat".

6: De var ikke i stand til at svare på dette.

7: Da fortalte Jesus de indbudte en fortælling; idet han havde bemærket, hvordan de udvalgte sig mest fornemme pladser:

8: "Når du bliver indbudt af en til en banket, så sæt dig ikke på den fornemste plads. Måske er der indbudt en, der er finere end dig,

9: og når denne kommer, så vil værten, sige til dig: "Giv ham din plads", og så må du med skam gå til den ringeste plads.

10: Så når du bliver indbudt, så sæt dig på den ringeste plads, så når værten kommer, vil han sige til dig: "Ven, flyt til en ærefuld plads/en fornem plads". Så vil gæsterne se, at du bliver ærefuldt behandlet.

11: Enhver som ophøjer sig selv, skal ydmyges og den, som ydmyger sig selv skal ophøjes.

18. søndag efter trinitatis: Matt 22,34-46.

34: Da farisæerne hørte, at Jesus havde lukket munden på saddukæerne, samlede de sig om ham.

35: Og en af dem, en ekspert i moseloven, testede ham:

36: "Lærer, hvilket bud i loven er det vigtigste?"

37: Jesus svarede ham: "Du skal elske Herren, din Gud, af hele dit hjerte, med hele dit liv og med hele din forstand."

38: "Det er det første og vigtigste bud".

39: "Det andet på samme niveau: "Du skal elske din næste som dig selv".

40: På disse to bud hænger [står og falder] hele loven og profeterne".

41: Da nu farisæerne var samlede spurgte Jesus dem:

42: "Hvad tænker I om Messias/den salvede. Hvis søn er han?" "Davids", svarede de.

43: Han spurgte dem: "Hvordan kan David så i ånden kalde ham "Herre", når han siger:

44: "Herren sagde til min Herre: Sæt dig ved min højre side, indtil jeg får lagt dine fjender under dine fødder".

45: "Hvis David kalder ham "Herre", hvordan kan han så være hans søn?"

46. Ingen var i stand til at svare med et ord; og fra den dag vovede ingen mere at spørge ham om noget.

19. søndag efter trinitatis: Mk 2,1-12.

1: Flere dage efter kom Jesus igen til Kapernaum. Da man hørte, at han var hjemme,

2: samlede så mange sig, at der ikke var plads, end ikke foran døren, og han prædikede ordet for dem.

3: Da bragte man ham en lam, båret af fire mænd.

4: Da de ikke kunne bringe ham til Jesus på grund af folkemængden, tog de taget af over det sted, hvor Jesus var og de lavede et hul og firede sengen, som den lamme lå på, ned.

5: Da Jesus så deres tro, siger han til den lamme: "Søn dine synder er forladt".

6: Men nogle af de lærde/eksperterne, som sad der, tænkte for sig selv:

7: "Hvorfor taler han sådan? Han taler blasfemisk. Hvem kan tilgive synder ud over Gud".

8: Straks vidste Jesus, at de tænkte sådan, og han spurgte dem: "Hvorfor tænker I sådan"?

9: "Hvad er lettest at sige til den lamme: Dine synder er forladt eller rejs dig, tag din seng og gå"?

10: "men for I skal vide, at menneskesønnen har autoritet til at forlade synder på jorden - siger han til den lamme:

11: "Jeg siger dig: rejs dig, tag din seng og gå hjem".

12. Og han rejste sig og tog straks sin seng og gik ud for øjnene af dem alle. Alle blev forundret og priste Gud med ordene: "Vi har aldrig set noget lignende".

20. søndag efter trinitatis: Matt 22,1-14.

1: Igen brugte Jesus fortællinger som illustration og sagde til dem:

2: "Med Himmeriget er det, som med en konge, der havde planlagt en bryllupsfest for sin søn.

3: Han sendte sine slaver/trælle for at bede, dem, der allerede var indbudt, om at komme[1]; og de ville ikke komme.

4: Han sendte andre slaver/trælle til dem, der var indbudt[2] med ordene: "Sig til de indbudte: Festen er klar, mine tyre og fedekalve er slagtet og alt er parat: Kom til bryllupsfesten".

5: Men de var ligeglade og gik. En til sin mark og en anden til sin forretning,

6: og de øvrige overfaldt kongens slaver/trælle og mishandlede dem og slog dem ihjel.

7: Kongen blev vred og sendte sine hære og udryddede disse mordere og nedbrændte deres byer.

8: Da sagde kongen til sine slaver/trælle: "Festen er klar, og de indbudte er ikke værd at have med.

9: Gå ud ad gaderne, til de bliver til landeveje, og indbyd enhver I træffer til bryllupsfesten":

10: Slaverne/trællene gik ud ad gaderne og samlede alle de mødte. onde såvel som gode, og festsalen blev fyldt.

11: Da kongen kom og så gæsterne, fik han øje på en, der ikke var i festklæder.

12: Ham spurgte kongen: "Ven, hvordan er du kommet ind uden festklæder"? Men han forblev tavs.

13: Da sagde kongen til sit serveringspersonale: "Bind hans fødder og hænder sammen og smid ham ud i mørket udenfor". Dér skal der være gråd og ekstrem smerte".

14: For mange er indbudt, men få er udvalgt.

---

[1] H.B. Tristram skriver i sin bog: *Eastern Customs in Bible Lands (2004, Kessinger Plublishing Co):"To refuse the second summons would be an insult, which is equivalent among the Arab tribes to a declaration of war."*

[2] Dvs. Dem, der allerede sagt ja til indbydelsen, 1. indbydelse.

21. søndag efter trinitatis: Joh 4,46-53.

46: Jesus kom igen til Kana i Galilæa, hvor han forvandlede vand til vin. Og der var en kongelig embedsmand, hvis søn lå syg i Kapernaum.

47: Da han hørte, at Jesus var kommet fra Judæa til Galilæa, kom han med det samme til Jesus og bad[1] ham om at komme ned til Kapernaum og helbrede hans søn, for han var med at dø.

48: Jesus svarede ham: "Hvis ikke I får tegn og under at se, så tror I ikke".

49: "Herre, kom med førend min lille dreng dør", svarede embedsmanden Jesus.

50: "Gå, din søn vil leve", sagde Jesus. Han troede på det Jesus sagde og gik.

51: Allerede på vejen mødte hans slaver/trælle ham og fortalte, at hans søn levede.

52: Han forhørte sig om tidspunktet hans søn havde fået det bedre. De fortalte ham, at feberen havde forladt ham i går kl. 3 [ved den syvende time].

53: Da blev drengens far klar over, at det var sket på det tidspunkt, Jesus havde sagt: "Din søn vil leve". Så embedsmanden og hele hans familie blev troende.

54: Dette var det andet tegn, Jesus udførte, efter han var kommet tilbage fra Judæa til Galilæa.

[1] ἠρώτα, *erota*, imperfektum aktiv (3. person ental) I betydningen: begyndte at bede og blev ved med at gøre det.

Alle helgens dag: Matt 5,1-12

1: Da Jesus så folkeskaren gik han op på bjerget og da han havde sat sig kom hans elever/lærlinge/praktikanter hen til ham.

2: og han begyndte at undervise dem:

3: "Velsignede af Gud[1] er de fattige i ånden, for Himmeriget tilhører dem.

4: Velsignede af Gud[1] er de, der sørger, for de vil blive trøstet.

5: Velsignede af Gud[1] er de milde, for de skal arve jorden.

6: Velsignede af Gud[1] er de, der har sult og tørst efter det, der er rigtigt i Guds øjne, for de skal mættes.

7: Velsignede af Gud[1] er de, der viser barmhjertighed, for de skal selv vises barmhjertighed.

8: Velsignede af Gud[1] er de, hvis tanker er rene, for de skal se Gud.

9: Velsignede af Gud[1] er de, som skaber fred, for de skal blive kaldt Guds børn.

10: Velsignede af Gud[1] er de, der er forfulgte, fordi de gør det, der er rigtigt i Guds øjne, for Himmeriget tilhører dem.

11: Velsignede af Gud[1] er I, når folk forkaster jer, forfølger jer og taler ondt om jer og lyver, på grund af mig.

12: Glæd jer og vær glade, for I har en belønning i himlene. Således har man forfulgt profeterne før jer.

[1] μακάριοι, adjectiv, nominative, flertal, hankøn. En prosa form af det poetiske *mákar*. Jeg oversætter det med *velsignede af Gud* i betydningen af at have Guds fylde og Guds accept i hjertet.

22. søndag efter trinitatis: Matt 18,21-35.

21: Da gik Peter hen til Jesus og spurgte ham: "Herre, hvor mange gange skal jeg tilgive min bror, når han gør mig fortræd; op til 7 gange?"

22: Jesus svarede ham: "Jeg siger dig ikke 7 gange, men 70 gange 7.

23: Det er derfor, at Himmeriget ligner en konge, der ville gøre regnskabet op med sine slaver/trælle.

24: Da han begyndte på det, blev der bragt en slave/træl frem for ham – en, der skyldte ham 10.000 talenter[1].

25: Da han ikke kunne indfri sin gæld, befalede herren[2], at han, hans hustru og hans børn og alt, hvad han ejede, skulle sælges for at betale gælden.

26: Da knælede slaven/trællen ned og bad: "Hav tålmodighed med mig og jeg vil betale dig alt tilbage".

27: Herren fik medlidenhed med denne slave/træl; tilgav ham og slog en streg over gælden.

28: Men da denne slave/træl kom ud, traf han en af sine medslaver/medtrælle, der skyldte ham 100 denarer[3] og greb ham i struben: "Betal hvad du skylder".

29: Da faldt hans medslave/medtræl ned for ham og bad: "Hav tålmodighed med mig, og jeg vil betale tilbage til dig".

30: Det ville han ikke, men han gik hen og kastede ham i gældsfængsel indtil han betalte sin gæld.

31: Da hans medslaver/medtrælle så, hvad han gjorde, blev de meget bedrøvet og gik til deres herre og berettede alt det, som var sket.

32: Da tilkaldte herren ham og sagde til ham: "Du onde tjener, alt din gælde slog jeg en streg over, da du bad mig.

33: Skulle du så ikke også have medlidenhed med din medslave/medtræl, som jeg havde medlidenhed med dig".

34: Og hans herre blev vred og overgav ham til fangevogterne[4] indtil han kunne betale hele sin gæld.

35: På samme måde vil min himmelske Fader gøre med jer, hvis ikke enhver af jer tilgiver af hjertet sin bror.

[1] En talent er en vægt- og møntenhed og vejer mellem 57 til 80 lbs. (dvs mellem 25,9 kg og 36,3 kg.). En talent af sølv var det samme som cirka 6.000 gange en dagløn for en almindelig arbejder (6.000 denarer).

[2] Fra dette vers omtales konge som herre.

[3] 100 denarer er 100 gange en dagløn sammenlignet med 60.000.000 gange en dagløn, som han selv skyldte.

[4] τοῖς βασανισταῖς, tois basanistais, flertal dativ, hankøn af βασανιστής, som betyder en fangevogter, der også torturerer fangerne.

23. søndag efter trinitatis: Matt 22,15-22.

15: Da gik farisæerne hen og lagde planer om, hvordan de skulle fælde Jesus med ord.

16: Derfor sendte de deres elever/lærlinge/praktikanter hen til ham sammen med Herodianerne og sagde: "Lærer, vi ved, at du taler sandt og at du underviser om Guds vej i overensstemmelse med sandheden og ikke er afhængig af andres mening, for du lader dig ikke påvirke af folks status.

17: Så fortæl os, hvad du mener: Er det rigtigt at betale Kejseren skat eller ej".

18: Da Jesus havde gennemskuet deres plan, svarede han:" Hvorfor tester I mig, I hyklere.

19: Vis mig den mønt, I betaler skat med". De gav ham en denar.

20. Han spurgte dem da: "Hvis billede og navn er det?".

21: De svarede: "Kejserens". "Ok", svarede han, "giv kejseren det tilbage, der er kejserens og Gud det, det er Guds".

22: De var overrasket over det, de hørte og forlod ham og gik deres vej.

24. søndag efter trinitatis: Matt 9,18-26.

18: Da Jesus talte med andre, kom en leder [en med autoritet] og knælede for ham, mens han sagde: "Min datter er lige død, men kom og læg din hånd på hende og hun vil leve".

19: Jesus rejste sig og fulgte med ham sammen med sine elever/lærlinge/praktikanter.

20: En kvinde, som havde blødt i 12 år, kom bagfra og rørte ved borten på hans kappe.

21: Idet hun sagde til sig selv: "Hvis blot jeg rører ved hans kappe, bliver jeg rask".

22: Jesus vendte sig og så hende, og sagde: "Fat mod, datter, din tro har gjort dig rask". I dette øjeblik blev hun rask.

23: Da Jesus kom til lederens hus og så fløjtespillerne og skaren i højlydt sorg.

24: Sagde han til dem: "Gå væk! for pigen er ikke død, men hun sover". Da lo de af ham.

25: Da skaren var fjernet, gik han ind og tog hendes hånd og pigen blev givet tilbage til livet[1].

26: Nyheden om dette blev spredt i hele denne egn.

[1] ἠγέρθη, *ægertæ* er, aorist, passiv, indikativ, 3rd person, ental af ἐγείρω, *egeiro*, som egentlig betyder oprejst. I NT bruges det i passive form om at blive oprejst fra de døde, f.eks. om Jesu opstandelse og her. Da hverken Jesus eller pigen er subjekt for udsagnsordet. Derfor oversætter jeg det her med: pigen blev givet tilbage til livet.

25. søndag efter trinitatis: Matt 24,15-28.

15: (Jesus siger:) "Når I ser tilintetgørelsens ulækker statue stå på hellig grund, som profeten Daniel har talt om.

Lad den, der læser, fatte det.

16: De, som er i Judæa: "Flygt op i bjergene".

17: De, som er på hustaget: "Gå ikke ned og hent noget i jeres huse."[1]

18: Den, som er på marken, skal ikke hente sit overtøj/kappe.

19: Hvor vil det blive forfærdeligt - for de, der er gravide eller som passer en baby i de dage.

20: Bed til, at jeres flugt ikke sker om vinteren [i dårligt vejr] eller på en sabbat.[2]

21: Der vil komme en mega trængsel, som der ikke har været fra verdens begyndelse og som absolut ikke vil komme igen.

22: Hvis ikke de dage blev forkortet, ville ingen blive reddet, men på grund af de udvalgte, vil dagene blive forkortet.

23: Til den tid. Tro ikke enhver, der siger: " Se, her en Messias/den salvede.

24: Der vil komme pseudomessiaser og falske profeter, og de vil gøre mega/store tegn og vidunderlige mirakler for at bedrage - om muligt selv de udvalgte.

25: Nu har jeg fortalt jer det – på forhånd.

26: Hvis en eller anden siger til jer: "Han er i ørkenen" Så gå ikke derud, og tro ikke den, der siger: "han er på et hemmeligt sted".

27: Menneskesønnen vil komme igen på samme måde som et lyn - lyner op fra øst til vest.

28: Hvor ådslet er, der samles gribbene.

[1] De skal flygte fra tag til tag (flade tage) og således undslippe via "the road of roofs", som rabbinerne kaldte det. Der er med andre ord behov for en hurtig flugt.

[2] Om vinteren på grund af dårligt vejr: Wadier (vandløb) og Jordanfloden er vanskelige at komme over. Jorden er opblødt og der er ikke meget føde at finde; og på en sabbat, hvor nogle eller mange vil tøve med at foretage en sådan "rejse".

26. søndag efter trinitatis:

Se 5. søndag efter helligtrekonger.

Se side 20

Sidste søndag i kirkeåret: Matt 25,31-46.

31: Nå menneskesønnen kommer i sin herlighed sammen med sine engle, så vil han tage plads på en trone, som er hans herlighed[1].

32: Og alle nationer vil blive samlet foran ham, og han vil adskille den fra hinanden, på samme måde som hyrden skiller fårene fra gederne.

33: Og han vil placere fårene på sin højre side og gederne på venstre.

34: Da skal kongen sige til dem til højre for ham: "Kom, min Fader har velsignet jer, og få som arv det rige, der har været forberedt jer fra verdens skabelse.

35: Jeg var sulten og I gav mig noget at spise. Jeg var tørstig og I gav mig noget at drikke. Jeg var fremmed og I bød mig velkommen.

36: Nøgen og I gav mig tøj. Jeg var syg og I plejede mig. I fængsel var jeg og I besøgte mig.

37: Da skal de, der har Guds accept, spørge: "Herre, hvornår så vi dig sulten og gav dig noget at spise eller tørstig og gav dig noget at drikke?

38: Hvornår så vi dig, som fremmed og bød dig velkommen eller nøgen og gav dig tøj?

39: Hvornår så vi dig syg eller i fængsel og besøgte dig?"

40: Kongen vil svare dem: "Jeg kan i sandhed garantere jer: Hvad I har gjort mod en af mine brødre og søstre, uanset hvor ringe de end er, det har I gjort mod mig."

41: Så vil han sige til dem på hans venstre side: "Gå væk fra mig, I, som er blevet forbandet [af Gud], til den evige brændende ild, som er forberedt djævlen og hans engle.

42: Jeg var sulten og I gav mig intet at spise, jeg var tørstig og I gav mig intet at drikke.

43: jeg var fremmed og I bød mig ikke velkommen. Nøgen og I gav mig intet tøj, syg og i fængsel og I besøgte mig ikke."

44: De vil også spørge: "Herre, hvornår så vi dig sulten eller tørstig, som fremmed eller nøgen eller syg eller i fængsel og ikke tog os af dig?"

45: Da vil han svare: "Jeg kan i sandhed garantere jer: Hvad I ikke fik gjort for en af de ringeste, det fik I helle ikke gjort for mig."

46: "Og de vil gå ud til evig straf, men de, der har Guds accept, vil gå ind til evigt liv".

[1] δόξης αὐτοῦ, *doksæs autou* kan være en adjektivisk genitiv og så betyder det: *hans herligheds (trone),* men det kan også være en forklarende (en epeksegetisk genitiv) og så betyder det: *som er hans herlighed.*

Litteratur, som jeg har læst eller brugt som opslagsværker under udarbejdelsen af mine oversættelser:

NA28

Nestle-Aland: Novum Testamentum Graece. Edited by Barbara and Kurt Aland, Johannes Karavidopoulos, Carlo M. Mantini, Bruce M. Metzeger. Deutsche Bibelgesellschaft. Digital formidlet af Olive Tree.

How to Choose A translation - For All Its Worth. By Gordon D. Fee, Mark L. Strauss. Zondervan. Digitalt formidlet af Olive Tree.

The Elements of New Testament Greek. By Jeremy Duff. Cambridge University Press. Cambridge 2005. Papirudgave.

Greek for the Rest of Us. Second Edition by William D. Mounce. Zondervan. Digitalt formidlet af Olive Tree.

Greek Grammar – Beyond the Basic. By Daniel B. Wallace. Zondervan. Digitalt formidlet af Olive Tree.

LXX (Septuaginta) **With Kraft/Taylor/Wheeler Morphology and LEH Lexicon.** German Bible Society. Digitalt formidlet af Olive Tree.

BHS (Biblia Hebrica Stuttgartensia) **With Westminster Morphology and BDB Lexicon.** Scribe Inc. Digitalt formidlet af Olive Tree.

Latin Vulgate. Public Domain. Digitalt formidlet af Olive Tree.

Die Theologie der einen Bibel. 2 vol. Brevard S. Childs. Herder 1994. På engelsk: Biblical Theology of the Old and New Testament, Theological Reflexion on the Christian Bible. SCM Press, London 1992. Papirudgave.

Baker Illustrated Bible Dictionary. By Tremper Longman III. Baker. Digitalt formidlet af Olive Tree.

Easton´s Bible Dictionary. By M.G.Easton. Olive Tree. Digitalt formidlet af Olive Tree.

Mounce´s Complete Expository Dictionary of Old and New Testament Words. By William D. Mounce. Zondervan. Digitalt formidlet af Olive Tree.

New Bible Dictionary. By I. Howard Marshall, A.R. Millard, J.I. Packer, D.J. Wiseman. Intervarsity Press. UK. Digitalt formidlet af Olive Tree.

Olive Tree Enhanced Strong´s Dictionary. Olive Tree. Digitalt formidlet af Olive Tree.

Pocket Dictionary for the Study of New Testament Greek. By Matthew Demos. Intervarsity Press. UK. Digitalt formidlet af Olive Tree.

Theological Dictionary of the New Testament. Abridged – Little Kittel. By Geoffrey W. Bromiley. Eerdmans Publishing Company. Digitalt formidlet af Olive Tree.

Vine´s Complete Expository Dictionary of Old and New Testament Words. By W.E. Vine. Thomas Nelson. Digitalt formidlet af Olive Tree.

Catholic Study Bible Notes. By John J. Collins, Donald Senior. Oxford University Press. Digitalt formidlet af Olive Tree.

Complete Word Study Bible. By Warren Baker, Eugene E. Carpenter, Spiros Zodhiates. AMG. Digitalt formidlet af Olive Tree.

ESV – Study Bible. Crossway. Digitalt formidlet af Olive Tree.

Harper Collins Study Bibles Notes. Harper Collin. Digitalt formidlet af Olive Tree.

Lutheran Study Bible Notes. Augsburg Fortress Publisher. Digitalt formidlet af Olive Tree.

New Interpreter´s Study Bible Notes. By Walter J. Harrelson. Abingdon. Digitalt formidlet af Olive Tree.

New Scofield Study Bible Notes. By Cyres Scofield. Oxford University Press. Digitalt formidlet af Olive Tree.

Orthodox Study Bible: Ancient Christanity Speeks to Today´s World. Thomas Nelson. Digitalt formidlet af Olive Tree.

Reformation Heritage KJV Study Bible Notes. By Joel R. Beeke (ed.). Reformation Heritage Books. Digitalt formidlet af Olive Tree.

The Reformation Study Bible. By R.C. Sproul. Ligonier Ministries. Digitalt formidlet af Olive Tree.

Study Notes form Stuttgarter Erklärungsbibel. German Bible Society. Digitalt formidlet af Olive Tree.

The Message Study Bible Notes. By Eugene Peterson. NavPress. Digitalt formidlet af Olive Tree.

Wesley Study Bible. Abingdon. Digitalt formidlet af Olive Tree.

Robertson´s Word Pictures. By A.T. Robertson. Olive Tree. Digitalt formidlet af Olive Tree.

Vincent´s Word Studies. Olive Tree. Digitalt formidlet af Olive Tree.

Vine´s New Testament Word Pictures (vol 2). By F.F. Bruce, W.E. Vine. Thomas Nelson. Digitalt formidlet af Olive Tree.

Calvin´s Commentaries (22 vol.) By John Cavin. Olive Tree. Digitalt formidlet af Olive Tree.

Ud over de titler, der er medtaget i boglisten, herovenover, så har jeg læst og har kendskab til en masse oversættelser af NT, idet jeg i adskillige ord har haft og stadigvæk har den vane at læse en ny oversættelse af NT hvert eneste år. Det har været danske, svenske, norske, engelske, amerikanske, tyske, enkelte på fransk og en enkel på spansk. Det har givet mig en spændende diversitet i mulighederne for at oversætte de samme græske ord. Det er blevet til mere end 40 oversættelse i alt. Det vil dog før for vidt at nævne dem alle her.

Lige ledes har jeg læst adskillige kommentarer siden jeg i 1971 begyndte at læse teologi på Københavns Universitet og det er jeg fortsat med i alle årene siden. At nævne dem falder udenfor rammerne af denne lille bog.

Oversætter:

Jørn Balle Larsen, Solsortevej 7, 2630 Taastrup, E-Mail: j@ballelarsen.dk. www.ballelarsen.dk

Bogen er udkommet som e-bog på BoD. Books on Demand. ISBN 9788743003878

© 2019 Jørn Balle Larsen
Forlag: BoD – Books on Demand, København, Danmark
Tryk: BoD – Books on Demand, Norderstedt, Tyskland
ISBN: 9788743011798